DE LA CONSTITUTION

DES SOCIÉTÉS

EN VUE DE L'ÉTABLISSEMENT

D'Écoles libres, Orphelinats, Hospices et Institutions diverses

PAR MM.

BENOIST
Ancien avocat général près la Cour
de cassation

A. D'HERBELOT
Ancien avocat général près la Cour
d'appel de Paris

A. PAGÈS
Ancien substitut du procureur général près la Cour d'appel de Paris

SIXIÈME ÉDITION

MISE AU COURANT DE LA LÉGISLATION ET DE LA JURISPRUDENCE

ET SUIVIE D'UN

PROJET DE STATUTS D'UNE SOCIÉTÉ CIVILE

Prix : **2 fr.**

PARIS

BUREAUX DE LA SOCIÉTÉ GÉNÉRALE D'ÉDUCATION

35, RUE DE GRENELLE, 35

1899

DE LA CONSTITUTION

DES SOCIÉTÉS

EN VUE DE L'ÉTABLISSEMENT

D'Écoles libres, Orphelinats, Hospices et Institutions diverses

PAR MM.

BENOIST
Ancien avocat général près la Cour
de cassation

A. D'HERBELOT
Ancien avocat général près la Cour
d'appel de Paris

A. PAGÈS
Ancien substitut du procureur général près la Cour d'appel de Paris

---

SIXIÈME ÉDITION

MISE AU COURANT DE LA LÉGISLATION ET DE LA JURISPRUDENCE

ET SUIVIE D'UN

PROJET DE STATUTS D'UNE SOCIÉTÉ CIVILE

Prix : 2 fr.

PARIS

BUREAUX DE LA SOCIÉTÉ GÉNÉRALE D'ÉDUCATION

35, RUE DE GRENELLE, 35

1899

AVERTISSEMENT DE LA SIXIÈME ÉDITION

En tête de la cinquième édition de ce modeste traité, nous écrivions les lignes suivantes :

« La quatrième édition de ce travail, publiée presque au lendemain de la promulgation de la loi des 1er et 3 août 1893, modifiant la loi du 24 juillet 1867 sur les sociétés, n'avait pu enregistrer qu'un petit nombre de décisions de jurisprudence ou de doctrine fixant le sens et la portée des dispositions nouvelles. L'édition que nous offrons aujourd'hui au lecteur a pu, à cet égard, combler les lacunes dont l'importance nous a été plusieurs fois signalée par les amis de la Société générale d'éducation et d'enseignement

« La législation fiscale, sans cesse remaniée et aggravée, devait, elle aussi, être l'objet d'une revision attentive, et nous nous sommes efforcés de compléter sur ce point les indications contenues déjà dans les précédentes éditions. C'est ainsi que nous avons tenu à reproduire, avec leur commentaire, le texte même des articles des lois de finances auxquelles sont soumis les fondateurs et les administrateurs des sociétés. Il nous a paru utile de rapprocher tous ces textes épars et disséminés dans la collection du Journal officiel.

« La situation des congrégations religieuses, menacées par les lois d'accroissement et d'abonnement, comportait aussi diverses observations spéciales que nous avions négligées jusqu'ici parce que nous avions surtout en vue la mise en société des propriétés immobilières ou mobilières affectées à l'usage scolaire. Les circonstances nous imposaient le devoir d'élargir

« *notre cadre. Beaucoup de congrégations, en effet, ayant le*
« *souci très naturel et très légitime de mettre leurs propriétés,*
« *quelle que fût leur destination, à l'abri des perceptions exor-*
« *bitantes autorisées par la loi du 17 août 1895, ont songé à*
« *les aliéner et à les placer sous la protection du droit com-*
« *mun, en les transmettant au moyen de mutations régulières,*
« *à des sociétés que ne saurait atteindre la loi précitée, lorsque*
« *la constitution en est légale. Nous avons essayé de leur rap-*
« *peler les principes essentiels dont l'observation est la condi-*
« *tion de cette légalité indispensable.*

« *Enfin, sans oublier que cette étude devait conserver un ca-*
« *ractère absolument pratique, et en continuant de laisser de*
« *côté les discussions purement théoriques, nous avons relevé*
« *avec le plus grand soin toutes les questions soulevées et réso-*
« *lues par les arrêts de la Cour de cassation ou des Cours d'ap-*
« *pel dans cette matière délicate du contrat de société ; nous*
« *avons mentionné et résumé les solutions émanées de l'Admi-*
« *nistration de l'Enregistrement; nous avons rappelé les con-*
« *sultations données avec tant de compétence et d'autorité par*
« *le Comité du contentieux de la Société d'éducation, et nous*
« *espérons ainsi avoir fait une œuvre utile, destinée à aider*
« *au maintien des institutions d'enseignement chrétien et de toutes*
« *les institutions charitables et pieuses auxquelles se consacrent,*
« *avec une générosité infatigable, le zèle et les ressources des*
« *catholiques.* »

Nous n'avons rien à ajouter à cet avertissement. La législation,
en matière de société, n'a pas varié depuis la loi des 1ᵉʳ et 3 août
1893, et nous n'avons eu à enregistrer aucune règle nouvelle. Notre
texte n'a donc subi que des modifications sans importance, et nous
avons pu nous borner, en tenant compte des décisions les plus
récentes, à compléter nos renvois à la jurisprudence.

DE LA

CONSTITUTION DES SOCIÉTÉS

EN VUE DE L'ÉTABLISSEMENT

D'Écoles libres, Orphelinats, Hospices et Institutions diverses

---

La nécessité de lutter, par la création de nombreuses écoles libres, contre les écoles publiques, au service desquelles l'État met tout son pouvoir et une notable partie du budget, a inspiré à beaucoup d'hommes généreux et dévoués la pensée de concerter leurs efforts et d'unir leurs ressources pour assurer, par la constitution de sociétés légales, la sécurité et la durée des œuvres qu'ils veulent entreprendre.

D'un autre côté, les lois fiscales, par leurs rigueurs excessives et exceptionnelles à l'égard de la propriété des congrégations religieuses, sont venues rendre souvent impossible la conservation de cette propriété sous sa forme actuelle, et ont conseillé aux supérieurs de ces congrégations de chercher le moyen de rentrer dans le droit commun et de se placer sous un régime moins ruineux que celui créé par les lois actuelles. La vente des immeubles à une société, vente suivie d'un contrat de location au profit de la congrégation, se présente comme l'un de ces moyens, à la fois régulier et efficace. Ce travail a pour but d'aider les fondateurs d'écoles ou d'établissements de bienfaisance, ainsi que les représentants des congrégations, dans la réalisation de leur projet, en leur donnant quelques indications générales et pratiques qu'ils pourront mettre à profit, soit pour déterminer la forme et les caractères essentiels du contrat qu'ils ont en vue, soit pour dresser l'acte qui le constatera dans des conditions de validité et de régularité indiscutables, soit enfin pour assurer la gestion régulière de la société qu'ils auront formée.

Nous ne prétendons pas avoir prévu toutes les hypothèses et toutes les combinaisons possibles; nous ne nous flattons pas non plus d'avoir résolu toutes les difficultés qui peuvent s'élever en cette matière. Nous ne saurions, au contraire, trop engager les personnes auxquelles nous nous adressons à ne pas se contenter de nos avis et à réclamer, toutes les fois que cela sera nécessaire, ceux des hommes d'affaires expérimentés à qui elles ont coutume de donner leur confiance; c'est d'accord avec eux que devront être arrêtés définitivement les statuts des sociétés qu'elles se proposent de constituer. Notre ambition se borne à leur donner quelques conseils, qui, même dans cette mesure restreinte, ne seront peut-être pas tout à fait sans utilité.

I.

CARACTÈRES ESSENTIELS DU CONTRAT DE SOCIÉTÉ

Le contrat de société, contrat de droit commun, ne perd rien de sa légalité pour être appliqué à créer, soutenir ou exploiter des établissements d'instruction ou des établissements charitables. L'article 17 de la loi du 15 mars 1850 l'avait, au contraire, expressément prévu, en ce qui concerne les premiers, les seuls dont il ait eu à s'occuper, en disant que les écoles libres pouvaient être fondées et entretenues par des particuliers ou par des *associations*, et ces termes ont été maintenus dans l'article 2 de la loi du 30 octobre 1886. Aussi, que la société se propose tout à la fois d'acquérir un immeuble ou de le louer, d'y édifier des bâtiments, d'y établir une école et de l'exploiter elle-même, ou bien qu'elle limite son objet à une seule ou à plusieurs de ces opérations, laissant le surplus aux soins d'une autre société, d'une congrégation ou d'une association, elle n'en sera pas moins parfaitement légale. Il importe seulement qu'elle soit une société véritable, ne se confondant ni avec une œuvre charitable ni avec une simple association qui ne pourraient prétendre aux privilèges conférés par la loi à la société.

Ce que nous disons de la propriété immobilière destinée à abriter une école libre s'applique également à la propriété immobilière des congrégations lorsque celles-ci, se résignant à n'être plus que locataires, se décident à transférer cette propriété à une société avec laquelle elles contractent un bail de longue durée. Cette transformation de la propriété n'est pas une fraude à la loi. En matière fiscale, c'est un principe certain que le redevable a le droit de chercher la forme légale qui met ses actes ou ses biens à l'abri de la perception la plus élevée pour ne les plus soumettre qu'à une perception moins onéreuse. Il faut seulement se conformer, en ce qui concerne cette transformation, à toutes les prescriptions imposées par le législateur, prescriptions dont l'observation sincère et scrupuleuse s'impose absolument.

Sous cette condition, la substitution de la propriété sociale à la propriété individuelle ou à la propriété d'une congrégation est aussi licite qu'elle peut être avantageuse.

Si la rédaction des statuts réclame beaucoup de soins, il ne faut pas négliger non plus ce qui touche à la direction des affaires sociales. Il convient de remarquer qu'une société, même une société civile, même la société la plus simple, comporte certains détails d'administration assez nombreux et l'observation de certaines règles fiscales assez compliquées pour qu'il soit souvent difficile de la constituer et d'assurer son fonctionnement régulier dans les petites communes, et en l'absence d'un homme un peu accoutumé aux affaires et consentant à lui donner une petite partie de son temps. C'est pourquoi nous n'hésitons pas à recommander l'exemple donné par certains départements, certains arrondissements ou certains diocèses, qui ont formé des sociétés centrales auxquelles viennent se rattacher les immeubles scolaires ou autres, disséminés dans l'étendue de leurs circonscriptions et profitant ainsi d'une administration plus éclairée et moins onéreuse.

Quoi qu'il en soit, il ne faut pas oublier que les statuts ne peuvent déroger à aucune des trois règles fondamentales suivantes :

1° Chaque associé doit faire un apport à la société. Apport en nature (propriété ou usufruit), apport en argent, apport en industrie personnelle ; la loi ne distingue pas (art. 1833,

C. civ.); mais il faut un apport sérieux, défini et appréciable. Une société serait absolument nulle si un de ses membres était affranchi de cette obligation.

2° La société doit nécessairement se proposer la réalisation d'un bénéfice ; c'est une condition indispensable. (Art. 1832, C. civ.) Une société serait encore absolument nulle si elle n'avait pas un tel objet. Elle pourrait être une œuvre de charité, une association, mais elle ne serait pas une société. Le bénéfice à réaliser doit être le résultat des opérations statutaires ; il doit être d'ordre matériel et il ne suffirait pas aux associés de poursuivre un avantage moral. (Dalloz, v° Société, supplément, n° 129.) La Cour de cassation s'est nettement prononcée en ce sens dans deux arrêts visant des sociétés créées en vue de la fondation et de l'entretien d'écoles libres, mais ne présentant aucune possibilité de bénéfice. (Arrêt du 29 décembre 1897 ; *Gazette des tribunaux*, 29 janvier 1898, et arrêt du 29 novembre 1897 ; Dalloz. 1898, I, 109.)

C'est une question débattue que celle de savoir s'il est licite de demander à des libéralités l'accroissement du patrimoine social. Nous l'avons résolue négativement dans nos précédentes éditions, et nous croyons devoir maintenir cette solution. Juridiquement, il est contestable et il est encore contesté qu'une société soit capable de recevoir des dons ou des legs, soit parce qu'elle n'a pas la capacité de recevoir, si elle a le caractère d'une société civile, soit parce que son développement à l'aide de libéralités est en dehors de son but, même si elle a le caractère d'une société commerciale. Nous ne pouvons cependant méconnaître que la jurisprudence semble disposée à faire fléchir cette règle, lorsqu'elle se trouve en face d'une société véritable, civile ou commerciale. Si la société est commerciale, elle a, dit-on, la personnalité juridique et peut acquérir à titre gratuit ; si elle est civile, sa personnalité est plus douteuse, et pourtant, même dans cette hypothèse, certains arrêts paraissent la lui concéder et en déduire cette conséquence qu'il ne lui est pas interdit de bénéficier d'une disposition entre-vifs ou testamentaire. Un arrêt de la Cour de Paris, du 25 mars 1882, avait décidé le contraire (Dalloz, 1882, II, 215); mais sa doctrine n'est plus universellement acceptée.

En sens inverse, nous pouvons citer un jugement du tribunal de la Seine du 30 mars 1881 (Dalloz, 1883, III, 31) considérant comme une société commerciale, à raison des ouvrages dont elle avait entrepris la publication, une société de spiritisme et l'autorisant à recevoir un legs par ce motif particulier que l'objet de la libéralité se rapportait aux opérations sociales et que, dans l'espèce, il s'agissait de la publication des œuvres de l'un des membres de la société. Il s'en faut, on le voit, que la thèse de ce jugement soit absolue. Un arrêt du 2 janvier 1894 (*Journal du Palais*, 1894, I, 129), relatif à une société de courses, et un autre arrêt du 29 octobre 1894 (*Journal du Palais*, 1895, I, p. 65), relatif, comme le jugement précité, à une société de spiritisme, refusent à ces deux sociétés la capacité de recevoir par testament, mais en faisant remarquer qu'il s'agit non de sociétés civiles ou de sociétés commerciales, mais de simples associations, d'où l'on peut conclure que leur incapacité n'eût pas été maintenue si elles eussent constitué des sociétés véritables. La même doctrine se retrouve dans deux arrêts de la Cour suprême du 23 février 1891 (Dalloz, 1891, I, 337) et du 26 mai 1894, note sous l'arrêt (Dalloz, 1895, I, 221), et dans un arrêt de la Cour de Rouen du 2 juin 1897, s'appliquant à une société musicale (*Gazette des tribunaux*, 26 septembre 1897).

Nous reconnaissons donc bien volontiers que les cours d'appel et les tribunaux inclinent vers une solution moins rigoureuse que celle qui a longtemps prévalu. Quant à nous, nous laissons de côté la questionpurement juridique, et c'est à un autre point de vue qu'il nous semble utile d'envisager la difficulté.

Quelles que soient les hésitations ou les tendances de la jurisprudence, nous sommes convaincus que, soit qu'il s'agisse de sociétés civiles, soit qu'il s'agisse de sociétés commerciales, l'acceptation d'une libéralité par une société de la nature de celles qui nous occupent serait très fâcheuse, qu'elle pourrait devenir périlleuse, et qu'il faut que leurs administrateurs aient le courage de refuser les donations ou les legs qui leur sont offerts. Décider autrement, en s'appuyant même sur les arrêts qui viennent d'être indiqués, serait un danger véritable pour ces sociétés; elles seraient bientôt regardées et traitées comme suspectes, assimilées à de simples associations de bienfaisance plus ou moins déguisées, soumises à ce titre aux recherches de l'administration de l'enregistrement, peut-être à l'application des lois restrictives du droit d'association, et en même temps exposées aux attaques des héritiers malintentionnés, poursuivant la nullité des actes de libéralité qui leur feraient grief, s'opposant à l'exécution des testaments dont ils souffriraient préjudice, ou encore à l'action des associés dissidents réclamant en justice l'annulation du pacte social.

A côté de la société propriétaire, il y aura ordinairement un comité chargé de l'exploitation de l'école, du traitement des instituteurs ou des institutrices, un conseil de patronage de l'ouvroir, de l'orphelinat, de l'asile de vieillards ou de malades, etc., une congrégation se consacrant à la direction des œuvres confiées à ses soins. C'est à eux que pourront parvenir sans inconvénients les produits des quêtes ou des souscriptions ; c'est à eux, en un mot, que pourront s'adresser les libéralités dont il est sage que la société repousse le bénéfice compromettant.

Nous n'ignorons pas que cette exclusion de toute libéralité au profit d'une société a souvent paru extrêmement dure, et qu'on a pu se plaindre qu'elle écartât le concours fort utile de personnes qui, craignant de s'engager dans les liens d'une association légale, dont elles redoutent à tort d'ailleurs, selon nous, les responsabilités, seraient au contraire disposées à consentir des dons de pure générosité. Nous n'en sommes pas moins convaincus que notre solution doit être suivie. Nos sociétés sont, en ce moment, fort surveillées par l'administration, et il importe qu'elles ne puissent être assimilées aux sociétés charitables pour lesquelles le fisc manifeste des sévérités particulières. Or, on ne saurait nier que si le propre des sociétés véritables est de vivre de l'industrie sociale, au contraire, le propre des œuvres de bienfaisance est de vivre des dons de la charité, de telle sorte que recevoir des dons et des aumônes, c'est courir le risque de perdre le caractère protecteur et légal de la société et de se laisser confondre avec une association. (Voir, sur ce point, les consultations de M. Benoist, publiées dans le *Bulletin de la Société d'éducation* des 15 septembre et 15 décembre 1887, p. 597 et 760.)

Les bénéfices réguliers de la société peuvent être de diverse nature : si elle exploite elle-même l'établissement, elle pourra percevoir les droits d'écolage, le prix de la pension des orphelins ou des élèves internes, les frais d'hospitalisation des malades, etc., qu'acquitteraient les parents ou des personnes bienfaisantes, ou encore le loyer de certaines parties de l'immeuble qui ne seraient pas nécessaires à l'école ou à l'œuvre. Si la société n'est que propriétaire (et cette situation paraît généralement préférable), son bénéfice proviendra de la location qu'elle consentira à un instituteur, à une congrégation autorisée, à un particulier, à un comité diocésain, paroissial ou local. Les bénéfices doivent être partagés annuellement, dans la mesure que décidera le conseil d'administration, entre tous les associés, sauf la part attribuée à la réserve statutaire.

3° Tous les associés doivent avoir une part de bénéfices proportionnelle à leur mise dans le fonds social, ou déterminée par l'acte statutaire. (Art. 1853, C. civ.)

L'un des objets de la société étant le partage des bénéfices, celui qui n'y participerait pas ne serait pas un associé véritable, et la société serait viciée par cette circonstance.

Il est indispensable de ne perdre de vue, lors de la constitution d'une société et de la rédaction de ses statuts, aucune des trois conditions qui viennent d'être énumérées. L'oubli d'une de ces conditions pourrait avoir ce résultat de faire considérer la société comme une simple association religieuse et de la menacer ainsi dans sa validité, puis surtout de l'exposer aux perceptions fiscales ruineuses qui atteignent les congrégations.

S'il s'agit d'une société véritable, l'impôt sur le revenu établi par les articles 1 et 2 de la loi du 29 juin 1872 et par l'article 4 de la loi du 26 décembre 1890 est de 4 °/₀ calculé sur les dividendes distribués. S'il s'agit d'une association ou d'une congrégation, le même impôt de 4 °/₀ est calculé sur un revenu supposé à forfait de 5 °/₀ de la valeur brute des immeubles occupés ou possédés par la congrégation ou par l'association, aux termes de l'article 9 de la loi du 28 décembre 1844.

De plus, les congrégations, à la différence des sociétés, sont passibles du droit d'accroissement établi par l'article 4 de la loi du 29 décembre 1884 et transformé en une taxe d'abonnement par la loi du 17 avril 1895. Les sociétés échappent à cette taxe.

Or, la jurisprudence tend à se montrer de plus en plus rigoureuse dans l'examen qu'elle fait des sociétés et de leur constitution, lorsqu'elles lui sont dénoncées par le fisc. L'absence de distribution de dividendes, lorsqu'elle parait systématique, et même la distribution de dividendes renvoyée à la dissolution et au partage (Cass., 23 janvier 1893; *Journal du Palais*, I, 481), le personnel des associés affiliés à une congrégation ou ecclésiastiques, vivant en commun, portant le même costume, assujettis à la même règle, ayant entre eux un lien religieux, ne justifiant pas d'un intérêt personnel dans le fonctionnement de la société, l'intervention de l'évêque ou de l'autorité ecclésiastique dans le règlement des difficultés sociales, toutes ces circonstances, soit réunies, soit séparées, ont été considérées comme caractérisant la congrégation. (Jugement du tribunal de Saint-Flour, 8 juillet 1891; *Journal du Palais*, 1894, II, 284; — Jugement du tribunal de Perpignan, 9 mai 1892; *Journal du Palais*, 1895, II, 145 et note; — Cassation, 3 janvier 1894; *Journal du Palais*, 1895, II, 145 et note; — Jugement du tribunal de Lyon, 12 mars 1895; *Gazette des tribunaux*, 24 août 1895; — Cassation, 4 février 1896; Dalloz, 1897, I, 75; 28 avril 1896; Dalloz, 1897, I, 101; — Cassation, rejet, 18 octobre 1897; — *Gazette des tribunaux*, 21 octobre 1897; — Cassation, 25 janvier 1897; Dalloz, 1897, I, 531.)

Si l'on peut citer quelques décisions moins sévères (jugement du tribunal de la Seine, 3 mai 1889; *Journal du Palais*, 1892, II, 28; — Jugement du tribunal de Guingamp, 15 juillet 1892; *Journal du Palais*, 1895, II, 87); si, surtout, il y a lieu de critiquer cette jurisprudence qui fait trop souvent prédominer l'intérêt fiscal et la passion antireligieuse sur la vérité juridique, il n'en faut pas moins reconnaître qu'elle commande de grandes précautions aux fondateurs et aux administrateurs d'une société. Sans doute, les principes ne permettent pas de déclarer nulle une société, uniquement par ce motif qu'elle ne serait composée que de religieux ou d'ecclésiastiques, mais la Cour de cassation a décidé cependant que cette composition dissimulait une congrégation religieuse et statué en conséquence au point de vue de l'impôt. De même, on peut discuter la valeur de l'absence de dividendes distribués, lorsqu'en fait il est certain qu'il n'y a pas eu de bénéfices réalisés, ou encore la portée de la clause d'expulsion arbitraire d'un associé par les autres membres de la société (tribunal de Saint-Flour ; jugement précité), puisque cette clause est licite dans les sociétés à capital variable, et cependant on en a parfois tiré des conclusions fâcheuses. Il faut donc éviter de donner prise sur tous ces points aux recherches des agents du trésor. C'est également à ce point de vue qu'il faut se placer pour apprécier le danger résultant de l'autorisation donnée aux sociétés de recevoir des libéralités.

En ce qui concerne le droit d'accroissement ou, ce qui revient au même, la taxe d'abonnement, la situation la meilleure pour n'avoir pas à les subir, celle à laquelle il faut s'efforcer d'arriver, c'est la situation d'une société en majeure partie, sinon unanimement, composée de laïques, louant à des tiers ou à des religieux, pour un prix sérieux, par des actes indiscutables, l'immeuble dont elle est propriétaire. Ce loyer, régulièrement perçu, servira à payer un dividende aux associés, la congrégation, si c'est une congrégation qui est locataire, restant libre de recueillir, à l'aide des quêtes par exemple, le montant du loyer dont elle est débitrice. La congrégation, simplement locataire, est inattaquable au point de vue du droit d'accroissement. C'est ce qui a été reconnu lors de la discussion de la loi du 17 avril 1895. M. Ribot, alors président du conseil, a fait remarquer en effet que si la taxe sur le revenu était due même pour les immeubles seulement *occupés*, le droit d'accroissement ne l'était que pour les immeubles *possédés* par les congrégations, et il concluait ainsi : « Il est bien entendu que le mot « *possédés* n'a pas le même sens que le mot *occupés*, et que « nous n'entendons pas frapper du droit d'accroissement les « biens qui seraient simplement *occupés*, à titre précaire, « par exemple en location. » (*Journal officiel*, 12 avril 1895.)

Conformément aux règles du droit commun, tous les

contrats de société doivent être rédigés par écrit lorsque leur objet est d'une valeur supérieure à 150 francs, mais l'acte peut être, au gré des parties, dressé devant notaires en la forme authentique ou sous signature privée.

II.

SOCIÉTÉS CIVILES ET SOCIÉTÉS COMMERCIALES.

La loi distingue les sociétés civiles et les sociétés commerciales. En principe, une société ne revêt pas à son gré l'un ou l'autre de ces deux caractères; ce sont ses opérations et ses actes qui déterminent sa nature. Elle sera commerciale si elle fait des actes de commerce, et elle sera civile dans le cas contraire. (V. en ce sens : Paris, 13 juillet 1861 ; *Journal du Palais*, 1861, 929 ; — Cassation, 26 février 1872, *Ibid.*, 1872, 406 ; — Cassation, 21 juillet 1873 ; *Ibid.*, 1873, 1159 ; — Cassation, 28 janvier 1884 ; *Ibid.*, 1886, 1147 ; — Rouen, 16 juin 1890 ; *Ibid.*, 1892, II, 309 ; — Paris, 21 mai 1892 ; *Ibid.*, 1892, II, 270 ; — Cassation, 8 novembre 1892 ; *Ibid.*, 1893, I, 32.)

Il a été décidé :

Que l'exploitation d'un établissement d'enseignement ne constitue pas un acte de commerce (Paris, arrêt du 23 juillet 1851 ; *Journal du Palais*, 1853, 1, 98);

Qu'il en est de même de la location d'immeubles qui doivent être ensuite sous-loués à l'usage d'écoles ou avec toute autre destination (Paris, arrêt du 13 juillet 1861 ; *Journal du Palais*, 1861, p. 929);

Qu'il en est ainsi encore de l'acquisition de terrains et de la construction de maisons, alors même que ces immeubles devraient être revendus. (Paris, arrêts des 15 février 1868 et 29 août 1868 ; Dalloz, 1868, II, p. 208.)

On peut donc conclure qu'à moins de circonstances exceptionnelles, les opérations relatives à la construction ou même à l'exploitation d'une école, à la direction d'un ouvroir, d'un hospice, etc., ne pourront rendre commerciale la société qui s'en chargera. Elle restera une société civile.

Comme société civile, elle pourra d'ailleurs adopter, pour sa constitution, soit la forme civile, soit la forme anonyme.

Une loi nouvelle, la loi du 1er août 1893, rendue dans des circonstances exceptionnelles et ayant, ce semble, quelque peu sacrifié les principes du droit pur au désir d'éviter le retour de certains faits dont l'opinion publique s'était gravement émue, a réglé les conséquences de l'adoption de la forme commerciale par les sociétés civiles. Nous insisterons tout à l'heure sur ces conséquences. Dès à présent, nous les résumons d'un mot en disant que, désormais, dans ces sociétés, la forme emportera le fond et qu'elles seront considérées comme ayant absolument abdiqué leur caractère civil, quoique leurs opérations demeurent étrangères au commerce.

Il résulte, en effet, des travaux préparatoires de la loi de 1893 que c'est bien la *forme* et la *forme seule* qu'il faut considérer pour savoir si une société est soumise aux règles du Code civil ou à celles du Code de commerce ou des lois commerciales. La forme anonyme est nécessairement déterminante de l'application de la législation commerciale.

Le choix à faire entre les deux formes dépend évidemment des circonstances. Il présente cependant une certaine délicatesse et autorise quelques hésitations. Il est donc utile de bien marquer les avantages et les inconvénients qui découleront de l'adoption de l'un ou de l'autre régime.

III

SOCIÉTÉS CONSTITUÉES DANS LA FORME CIVILE.

La société qui se constitue dans cette forme est régie par les dispositions du droit commun et soumise aux règles du Code civil; elle est moins exposée aux variations de la législation, qui a si souvent modifié le régime des sociétés commerciales, et présente d'ailleurs des avantages sérieux.

Ainsi :

1° La société, aussitôt que l'acte qui en consacre l'existence est rédigé, peut commencer ses opérations, sans avoir à se préoccuper de compléter la souscription de son capital ou d'en exiger le versement en tout ou en partie, et aussi sans avoir à recourir à aucune publicité préalable. (Vavasseur, *Traités des Sociétés*, I, 72.)

2° Elle peut user d'une liberté absolue dans le choix de ses administrateurs, lorsque leur mandat est gratuit; elle se distingue ainsi des sociétés commerciales ou des sociétés civiles à forme anonyme, qui ne peuvent compter sur le concours des magistrats, avocats, notaires et d'autres personnes dont la profession est considérée comme incompatible avec les actes d'une gestion commerciale.

3° Il lui est permis, comme aux sociétés de commerce, de diviser son capital en actions ou en parts sociales, dites d'ordinaire *parts d'intérêts*. (Vavasseur, I, 98.) La jurisprudence reconnaît aussi la légalité de cette mesure. (Paris, arrêt du 9 février 1888; Dalloz, 1890, 2, 265; — Besançon, 24 décembre 1889; Dalloz, 1891, 2, 191.) Cette division du capital n'a à tenir compte d'aucune limitation légale et la valeur de chaque part peut être librement déterminée par les fondateurs. Les limitations dont nous parlerons tout à l'heure ne s'appliquent qu'aux sociétés à forme commerciale. La création d'actions par une société civile n'emporte pas le caractère commercial si, d'ailleurs, la société n'a pas revêtu la forme anonyme. C'est ce qui résulte clairement de la discussion et du texte de la loi de 1893.

4° Les actions qu'elle crée peuvent être, au gré des associés, des actions nominatives ou des actions au porteur, et leur négociation, licite dès le lendemain même de la constitution de la société, peut s'opérer par tradition, par transfert, et par tous les autres modes qu'autoriseront les statuts.

5° La société peut aussi contracter des emprunts, notamment par voie d'émission d'obligations. (Paris, arrêt du 8 mars 1889; Dalloz, 1890, 2ᵉ partie, p. 235.)

En face des avantages qu'elle présente, il faut signaler les inconvénients qui peuvent résulter de l'adoption de la forme civile par une société :

1° Certains établissements de crédit ne consentent que difficilement des emprunts à une société civile et préfèrent traiter avec une société anonyme; si cette difficulté est un inconvénient, elle présente par contre cet avantage qu'elle préserve la société et ses administrateurs de la tentation périlleuse d'emprunter. Si, cependant, ils y sont contraints, il sera bon, lorsque les circonstances le permettront, que l'emprunt soit contracté par l'actionnaire apporteur de l'immeuble social. Pour éviter la perception du droit de vente sur le montant de l'emprunt et ne supporter que le droit d'apport, beaucoup moins onéreux, l'acte devra stipuler que l'apporteur sera seul chargé du remboursement de l'emprunt. L'apporteur ne pourra, jusqu'à sa libération définitive, recevoir d'actions que dans la mesure de cette libération. L'article 3 de la loi du 1ᵉʳ août 1893 exige, en effet, que les actions représentant les apports soient toujours libérées au moment de la constitution de la société.

2° La question de savoir si les sociétés civiles constituent, comme les sociétés commerciales, des personnes morales est fort discutée, et nous avons déjà rencontré cette discussion à propos du droit qu'auraient les sociétés de recevoir des libéralités. La même difficulté se présente encore lorsqu'il s'agit de savoir si les sociétés civiles peuvent être représentées en justice par le président de leur conseil d'administration, sans qu'aucun mandat spécial lui ait été conféré à cet effet par les associés. Dans nos précédentes éditions, nous avons soutenu que si la jurisprudence admettait, en fait, le plus souvent, la régularité de cette représentation et permettait de ne pas mettre tous les associés en cause, en cas de procès, il était cependant plus prudent, pour éviter toute contestation, d'inscrire dans les statuts une clause analogue à la clause suivante : « *Pour toute action judiciaire, le président du conseil* « *d'administration sera seul en cause, tant en demandant* « *qu'en défendant, à tous les degrés de juridiction, sans qu'il* « *y ait à justifier d'aucune délibération du conseil. Le prési-* « *dent pourra cependant exiger cette délibération pour sa* « *décharge au regard des associés.* » Nous croyons devoir persister à conseiller cette précaution, quoique les tribunaux inclinent de plus en plus à la considérer comme superflue. Déjà un arrêt de la Cour de Paris du 28 février 1878 (Dalloz, 1878, II, 257) avait admis les sociétés civiles à se faire représenter en justice par le président de leur conseil d'administration, si les statuts lui en donnaient le pouvoir exprès, mais une jurisprudence plus récente paraît vouloir se montrer plus libérale et ne plus exiger ce pouvoir, au moins implicitement, et en accordant aux sociétés civiles le bénéfice de la personnalité juridique. (V. en ce sens : Cassation, 23 février 1891 ; Dalloz, 1891, I, 337 ; — Cassation, 29 octobre 1884 ; *Journal du Palais*, 1895, I, 65) ; — Cassation, 22 février 1898 ; *Gazette des tribunaux*, 12 juin 1898.) Notre question est même tranchée *in terminis* par un arrêt de la Cour de cassation du 2 mars 1892 (*Journal du Palais*, 1892, I, 497), qui déclare recevable l'appel interjeté contre une société civile, lorsqu'il n'est notifié que par copie unique à l'avoué de la société, quel que soit le nombre des membres dont elle se compose. La Cour prend d'ailleurs le soin de dire qu'il en serait autrement s'il s'agissait d'une simple association. On peut conclure que le mandat statutaire dont nous parlons plus haut est devenu inutile ; toutefois, nous estimons que les hésitations persistantes ou les revirements possibles de la jurisprudence ne lui ont pas enlevé tout l'intérêt que nous lui avons reconnu, et qu'il peut être utile de n'y pas renoncer.

Les Cours d'appel semblent résister aux solutions admises par la cour suprême (Cassation, 22 février 1898 ; *Gazette des tribunaux*, 12 juin 1898) et, contrairement à la doctrine de ce dernier arrêt, nous pouvons citer les décisions rendues par la Cour de Paris le 19 février 1885 (Dalloz, 1885, II, 181), par la Cour de Rouen le 2 juin 1897 (*Gazette des tribunaux*, 26 septembre 1897) et par la Cour de Lyon, le 26 mars 1891 (*Journal du Palais*, 1892, II, 239 et la note). L'arrêtiste fait ressortir la différence que ces décisions établissent entre les sociétés anonymes et les sociétés civiles.

3° Aux termes de l'article 1863 du Code civil, les associés ont, vis-à-vis des tiers, créanciers de la société, une responsabilité qui se divise également entre eux, mais qui peut dépasser le montant de leur mise sociale.

Cet inconvénient grave disparaîtra, au moins pour tous les engagements qui découleront de contrats, sous la condition que, dans les actes que les administrateurs passeront au nom de la société, il sera stipulé que la société seule sera obligée et que ses créanciers n'auront aucune action personnelle contre les associés. Les administrateurs qui négligeraient cette précaution seraient tenus de garantir les associés contre tous recours et poursuites.

De cette manière, la fortune des associés sera absolument à couvert, et il en sera de même de celle des membres du conseil d'administration, à moins qu'ils n'oublient de stipuler dans leur intérêt la limitation de responsabilité que, dans tous les cas, ils doivent, conformément aux statuts, garantir aux membres de la société.

L'adoption de la forme anonyme par une société civile ne suffisait pas, sous l'empire de la loi du 24 juillet 1867, à limiter à la mise sociale la responsabilité des administrateurs ou des associés, et, pour obtenir cette limitation. il fallait qu'elle fût stipulée dans les actes passés avec les tiers, ou, tout au moins, qu'elle résultât de l'acte de société régulièrement publié, suivant les formes du Code de commerce. Ce point était certain avant la promulgation de la loi des 1er et 3 août 1893. (V. en ce sens : Cassation, 21 février 1883 ; *Journal du Palais*, 1884, 929 ; — Cassation, 28 janvier 1884 ; *Ibid.*, 1886, 1147, note de M. Lyon-Caen ; — Rouen, 16 juin 1890 ; *Ibid.*, 1892, II, 309.) Ce dernier arrêt, contraire d'ailleurs à plusieurs autres décisions, jugeait même que la publicité donnée aux statuts laissait inefficace la clause dont il s'agit, et qu'il fallait nécessairement recourir à une convention spéciale avec les tiers.

Nous verrons tout à l'heure que l'application de la loi de 1893 doit modifier cette règle, lorsqu'il s'agit d'une société civile, pourvu qu'elle ait revêtu la forme commerciale et qu'elle ait été l'objet des publications légales;

4° Une société civile peut racheter ses actions et diminuer ainsi son capital social. C'est la conséquence de cette règle que les associés sont responsables vis-à-vis des tiers au delà de leur mise, et que les tiers, ayant pour gage le patrimoine des associés, n'ont pas intérêt à voir le patrimoine social demeurer intact ou au contraire s'amoindrir, puisque ce patrimoine, nous voulons dire le capital social, ne leur est pas connu et ne leur est révélé par aucun acte de publicité. (V. en ce sens : arrêt de la Cour de Paris, 4 janvier 1887, et Cas-

sation, 27 juin 1887 ; *Journal du Palais*, 1888, 113, argument
à contrario.)

Cependant, en cas de rachat des actions par la société, les
exigences de l'administration de l'enregistrement commandent certaines réserves. Aux termes de l'article 3 de la loi du
28 décembre 1880 et de l'article 9 de la loi du 29 décembre
1884, le fisc avait émis la prétention de voir dans la clause
autorisant le rachat des actions par la société, une application de la clause de réversion prévue par les lois précitées et
donnant lieu à la perception du droit d'accroissement. La
chambre civile de la Cour de cassation l'avait ainsi décidé
dans un arrêt du 23 janvier 1895. (*Journal du Palais*, 1895,
I, 294.) Il est vrai que cet arrêt constatait que la société dissimulait une congrégation, qu'elle admettait l'adjonction de
nouveaux membres, ne permettait la distribution des bénéfices que lors de la liquidation, et n'autorisait la cession des
parts sociales qu'au profit des associés. On sait que la loi de
finances du 16 avril 1895 (art. 3 et 4) a remplacé le droit
d'accroissement par une taxe d'abonnement, mais en y soumettant toutes les associations que frappait la législation
antérieure. On peut donc craindre que le droit de rachat des
actions, stipulé au profit de la société ou de ses membres, à
l'exclusion de personnes étrangères, ne puisse être considéré
comme entrainant la perception de la taxe nouvelle, dans le
cas surtout où se rencontreraient quelques-unes des autres
clauses prétendues suspectes relevées dans l'arrêt du 23 janvier 1895. Aussi croyons-nous devoir insister, ainsi que nous
l'avons fait plus haut (p. 10), sur l'importance qu'il y a à éviter tout ce qui laisserait place à une confusion entre une
société proprement dite et une simple association. Toutes les
fois que cette confusion ne sera pas possible, il faudra reconnaître aux sociétés civiles la faculté de racheter leurs actions
et d'amortir ainsi leur capital.

Pour la simplification des opérations sociales, il sera prudent que tous les associés donnent au président ou à tout
autre membre du conseil d'administration un pouvoir spécifiant avec le plus grand soin tous les actes d'administration
qu'il sera autorisé à faire au nom de la société, notamment :
de toucher tous capitaux, indemnités d'expropriation, créan-

ces quelconques sur les administrations publiques, compagnies de chemins de fer, sociétés de crédit, banques, etc., et d'en donner quittance; de recevoir de l'administration de l'enregistrement et du timbre la restitution d'impôts devenus remboursables ou perçus en trop. Il faudra de plus veiller à ce que les procès-verbaux constatant l'élection du président soient rédigés avec soin, afin d'éviter toute contestation sur sa qualité.

Au point de vue fiscal, nous verrons tout à l'heure les avantages de cette forme de société.

IV.

SOCIÉTÉS CIVILES CONSTITUÉES DANS LA FORME COMMERCIALE.

Il est permis aux sociétés civiles de se constituer dans la forme commerciale et d'adopter l'*anonymat*, mais, dans ce cas, elles perdent leur caractère et sont assimilées à des sociétés commerciales. C'est ce qui résulte des termes formels de la loi du 1er août 1893, ainsi conçue : « Quel que soit leur objet, les sociétés en commandite ou anonymes qui seront constituées dans les formes du Code de commerce ou de la présente loi seront commerciales et soumises aux lois et usages du commerce. » Ce texte incorporé sous le n° 68 parmi les articles de la loi du 24 juillet 1867 tranche une controverse fort ancienne, et, faisant prévaloir les conditions de forme sur les éléments essentiels et de fond, il décide que les sociétés, civiles quant à leur objet, seront cependant considérées comme commerciales lorsqu'elles auront revêtu une des formes prévues par le Code de commerce ou par la loi de 1867.

L'adoption de la forme anonyme présentera les avantages suivants :

1° De plein droit, et sans aucune stipulation spéciale des statuts, la société sera représentée en justice par le président de son conseil d'administration. C'est la conséquence du privilège de la personnalité civile conférée aux sociétés de cette nature.

2° De plein droit encore, à la seule condition que les statuts aient été régulièrement publiés, conformément aux articles 55 et suivants de la loi du 24 juillet 1867, la responsabilité des associés, à raison des engagements de la société, est limitée au montant de leur apport social.

Sous l'empire de la législation précédente, la jurisprudence hésitait à admettre cette limitation; et la Cour de cassation l'avait plusieurs fois repoussée, ainsi que nous venons de le dire. Le texte et les travaux préparatoires de la loi de 1893 ne comportent plus d'hésitations sur ce point. Il a été dit expressément que les sociétés civiles, constituées sous la forme commerciale, supporteraient toutes les conséquences mais aussi profiteraient de tous les avantages attachés à la commercialité.

La difficulté pourra se soulever encore pour les sociétés constituées sous le régime de la loi de 1867 ; elle ne peut plus naître pour celles qui se seront formées postérieurement à la promulgation de la loi de 1893.

Par contre, la société anonyme sera soumise aux règles énoncées dans les lois de 1867 et de 1893, et nous devons énumérer les principales :

1° Cette société sera justiciable des tribunaux de commerce ;

2° Elle pourra être déclarée en faillite ;

3° Elle est assujettie à la tenue des livres prescrits par les articles 8 et suivants du Code de commerce, ou usités dans le commerce, savoir : le livre-journal, le livre d'inventaires annuels et le copie de lettres ;

4° Les articles 15 et 45 de la loi du 24 juillet 1867 ont édicté des peines graves contre les fondateurs ou administrateurs des sociétés commerciales en cas de simulation de souscriptions ou de versements, de manœuvres dolosives tendant à déterminer des souscriptions, ou de distribution de dividendes fictifs, et aussi dans le cas d'émission et de négociation d'actions avant la constitution régulière de la société, de transformation des titres nominatifs en titres au porteur avant l'accomplissement des conditions prescrites. On refusait généralement d'admettre que ces pénalités fussent également applicables aux fondateurs et administrateurs des sociétés civiles ayant adopté la forme commerciale, et nous avons, dans les précédentes éditions, résumé la discussion sur ce point. (Cassation, 28 novembre 1873; Dalloz, 1874, I, 441; — Cassation, 9 mars 1879; Dalloz, 1879, I, 315; — Orléans, 28 juillet 1887; Dalloz, 1888, II, 258.) Si cette jurisprudence favorable peut être encore invoquée en ce qui concerne les sociétés créées avant la loi de 1893, elle ne peut plus l'être pour les sociétés postérieures. Le texte de la loi nouvelle ne laisse pas de doutes à cet égard, et M. Clausel de Coussergues, rapporteur devant la Chambre des députés, s'en est expliqué formellement.

5° L'application de la loi de 1893 implique aussi pour les fondateurs et administrateurs des sociétés qu'elle régit la solidarité écrite dans l'article 42 de la loi de 1867 et découlant des nullités qui affecteraient la constitution de la société. (Rapport de M. Clausel de Coussergues.)

6° Les sociétés anonymes doivent compter sept associés au moins. (Art. 23, loi du 24 juillet 1867.)

7° Elles ne peuvent fonctionner avant la souscription intégrale du capital et le versement du quart sur chaque action souscrite (art. 1er, même loi), lorsque les actions sont de 100 fr. et au-dessus. (Art. 1er, loi du 1er août 1893.) Le versement doit être intégral lorsque les actions ou coupures d'actions n'excèdent pas 25 fr. Dans tous les cas, le versement doit avoir lieu en espèces. (Même article.)

8° Les actions ne sont pas négociables avant le versement du quart sur chacune d'elles. (Art. 2, loi du 24 juillet 1867.)

9° Les actions représentant des apports doivent toujours être intégralement libérées au moment de la constitution de la société. Elles ne deviennent négociables que deux ans après la constitution définitive. (Art. 2, loi du 1er août 1893.)

Elles doivent rester attachées à la souche pendant le même temps. De la discussion devant la Chambre des députés et devant le Sénat, il résulte cependant que les actions d'apport, non négociables au regard de la société et de ses créanciers et non susceptibles d'être transférées par les voies commerciales, ne sont pas absolument indisponibles. Elles peuvent être cédées par les voies civiles, partage, échange, succession, cession, etc., etc., sauf à ce que cette transmission ne pro-

duise son plein et entier effet que deux ans après la constitution. (Sénat, séance du 3 juillet 1893; discours de M. Ronjat
et du rapporteur; — Jugement du tribunal de commerce de la
Seine du 28 novembre 1894 et arrêt de la Cour de Paris du
14 janvier 1895; *Journal du Palais*, 1895, II, 180; — Jugement
du tribunal de commerce de Lyon du 10 juillet 1897; *Gazette
des tribunaux*, 12 août 1897.) De même, avant l'expiration
des deux années, elles peuvent être frappées de saisie-arrêt
et, par suite, vendues devant notaire, sous réserve des charges
qui continuent de peser sur leurs nouveaux titulaires, aux
termes de la loi de 1893. (Tribunal civil de la Seine, 2 juillet 1898; *Gazette des tribunaux*, 13 septembre 1898.)

10° Les actions ne peuvent cesser d'être nominatives et
être converties en actions au porteur avant d'être libérées intégralement. (Art. 2, loi du 1er août 1893.)

11° Les sociétés ne peuvent diviser leur capital en actions
ou coupures d'actions de moins de 25 fr., lorsque le capital
n'excède pas 200,000 fr., et de moins de 100 fr., lorsque ce
capital est supérieur à 200,000 fr. (Art. 1er, loi du 1er août
1893.)

Les coupures d'actions peuvent donc être de 25 fr. au
moins et dépasser 100 fr. La loi décide dans quelle mesure
elles doivent être libérées suivant l'une ou l'autre de ces deux
hypothèses, mais elle est muette sur ce qui concerne les coupures qui seraient de plus de 25 fr. et de moins de 100 fr., de
50 fr. par exemple. La logique permet de conclure que, dans
tous les cas, le versement à faire ne peut être inférieur à
25 fr., puisque cette somme représente le minimum du versement initial obligatoire. (*Journal du Palais*, notes sous la
loi du 1er août 1893, 1893, 572.)

12° Une première assemblée générale doit vérifier la sincérité des déclarations faites par les fondateurs et prescrire la
vérification des apports en nature. (Art. 4, loi du 24 juillet
1867.)

13° Une seconde assemblée générale délibère sur la valeur
de ces apports. (Art. 5, même loi.) Les apporteurs en nature
ne peuvent voter sur l'approbation de leurs apports, même
s'ils sont aussi apporteurs en numéraire. (Arrêt de cassation,
6 novembre 1894; *Journal du Palais*, 1895, I, 113 et 17 dé-

cembre 1894; Dalloz, 1895, 1, 101 ; — Arrêt de la Cour de Paris, du 3 mars 1896; Dalloz, 1896, II, 516.)

Les irrégularités commises lors des augmentations du capital social peuvent entraîner nullité des délibérations qui ont décidé ces augmentations, mais elles laissent subsister la société régulièrement constituée *ab initio*. (Arrêt de cassation, 21 janvier 1895; *Journal du Palais*, 1896, I, 77.)

14° Une société anonyme ou à forme anonyme peut avoir intérêt à racheter ses propres actions et à diminuer ainsi l'importance de son capital. Cela lui est-il permis? En principe, il faut répondre négativement et reconnaître que ces sociétés ne peuvent user du même droit que les sociétés civiles. (Voir ci-dessus, p. 18.) Elles ne sauraient en effet amoindrir le capital qu'elles ont constitué et qui, par suite des publications légales, a été présenté aux tiers comme le gage sur lequel ils pouvaient compter. (Arrêt de Paris, 4 janvier 1887; Dalloz, 1887, II, 74; — Arrêt de cassation, 3 janvier 1887 ; Dalloz, 1887, I, 406.)

En serait-il de même si ce droit de réduction du capital par voie de rachat des actions était inscrit dans les statuts? Un arrêt de la Cour de cassation du 30 mai 1892 (*Journal du Palais*, 1892, I, 561) a décidé que l'assemblée générale extraordinaire, lorsque les statuts lui conféraient le droit de modifier les clauses de l'acte statutaire sans plus ample précision et sans limitation, pouvait autoriser le rachat et arriver ainsi à la diminution du capital. Cette décision paraît trop large et facilement critiquable en ce qu'elle laisse à l'assemblée générale la latitude de changer l'essence même du contrat, ou du moins l'une de ses parties fondamentales, sans le consentement unanime de tous les associés. Il est plus sûr de ne permettre ce changement, cette modification essentielle, à l'assemblée que dans le cas où les statuts lui confèrent expressément le pouvoir de l'opérer. (Dalloz, 1893, I, 105; note sous l'arrêt du 30 mai 1892.) Encore faut-il dire que cette précaution, suffisante au regard des associés, ne suffit pas au regard des tiers, et qu'il faut de plus, à ce point de vue, que la délibération portant réduction du capital, par suite du rachat d'une partie des actions, soit régulièrement publiée et que, la société ayant éteint toutes ses dettes antérieures, cette mesure ne soit pas de nature à nuire à ses créanciers. (En ce sens : Arrêt de la Cour de Paris, 6 juillet 1892 ; *Journal du Palais*, 1893, II, 235 ; — Arrêt de cassation, 1er août 1893 ; *Journal du Palais*, 1894, I, 22.)

15° L'acte de société doit être publié dans le mois de sa date. A cet effet, il est déposé au greffe de la justice de paix et au greffe du tribunal de commerce du lieu où est établie la société, avec une expédition de la déclaration des fondateurs, des délibérations des deux assemblées générales successives et la liste des souscripteurs. (Art. 55, même loi.) Cette publicité doit être faite, en outre, dans un des journaux désignés pour recevoir les annonces judiciaires. (Art. 56, même loi.) C'est sur cette publicité que repose juridiquement le contrat tacite intervenu entre la société et les tiers, et aux termes duquel ces derniers reconnaissent notamment n'avoir de droit à faire valoir que sur le fonds social. Elle a donc une importance capitale.

16° En cas de modifications dans les statuts de la société, dans son objet ou dans son capital social, il y a lieu de faire faire de nouvelles publications, conformément aux dispositions qui précèdent. (Art. 61, même loi.) En cas d'augmentation du capital social, les formalités initiales relatives à la souscription intégrale et au versement sur chaque action doivent être observées de nouveau. (Cassation, arrêt du 27 janvier 1873 ; Dalloz, I, 331.)

V.

COMPARAISON ET CHOIX A FAIRE ENTRE LES DEUX FORMES
DE SOCIÉTÉ

Il est impossible de conseiller d'une façon absolue le choix entre les deux formes de société que nous venons de faire connaître. Chacune d'elles présente à des degrés différents, des avantages et des inconvénients que nous nous sommes efforcés de mettre en relief et qui devront être pesés soigneusement par les fondateurs.

La société à forme civile est la plus simple, la plus dégagée de formalités minutieuses, la plus libre dans sa constitution et dans son fonctionnement. Elle convient à merveille pour assurer le succès d'opérations peu compliquées et limitées : louer un immeuble construit, et le sous-louer à usage d'école ou de toute autre institution, après y avoir fait les appropriations nécessaires ; acheter dans le même but l'immeuble qui abritera l'établissement, et qui peut le recevoir sans qu'il soit besoin d'élever des constructions dispendieuses : tout cela, c'est le rôle indiqué d'une société purement civile. Le plus souvent, c'est cette société qui devra, selon nous, être adoptée par les fondateurs d'écoles ou d'institutions analogues. La loi du 1er août 1893, en soumettant à la juridiction commerciale, à la déclaration de faillite, aux formalités, responsabilités et pénalités de la loi du 24 juillet 1867, les sociétés civiles à forme anonyme, semble bien justifier la préférence que nous indiquons. Cependant, s'il s'agit de grands bâtiments à édifier, de marchés importants et nombreux à passer avec des entrepreneurs, d'une exploitation susceptible de multiplier le nombre des créanciers sociaux, et d'accroître ainsi la responsabilité des associés et des administrateurs, la forme anonyme pourra être préférée, parce que c'est celle qui, limitant de plein droit les risques au fonds social, assure la plus grande somme de sécurité.

Les fondateurs d'une société de cette nature devront donc, avant tout, s'inspirer des circonstances et se souvenir, surtout s'ils adoptent la forme civile, qu'il importe au plus haut point de faire figurer, dans les statuts et dans les actes à passer avec les tiers, les clauses et les précautions indiquées plus haut (§ 3) (1). (Voir ci-dessus, page 18.)

---

(1) On sait que certains engagements peuvent se former sans convention, par exemple par l'effet d'un quasi-contrat ou d'un quasi-délit. Tel est le cas d'un accident survenu à un ouvrier travaillant à une construction, et cet accident, lorsqu'il est imputable à l'imprudence du propriétaire, peut entraîner contre celui-ci une responsabilité. Aucune clause préalablement insérée dans les statuts ne saurait dégager d'une façon certaine de cette responsabilité une des sociétés de la nature de celle dont nous nous occupons dans cette étude ; mais il serait possible de la prévoir utilement en contractant une assurance spéciale contre les accidents. Il en est de même de la responsabilité à l'égard des voisins, en cas d'incendie. Une assurance seule peut en affranchir les associés.

VI.

SOCIÉTÉS A CAPITAL VARIABLE

Une autre forme de société a quelquefois séduit par ses avantages les fondateurs d'écoles ou d'autres établissements analogues. Nous voulons parler de la *société à capital variable*.

Voici, en effet, les avantages qu'elle présente sur la société civile à forme anonyme :

1º La société ne peut se constituer valablement avant la souscription intégrale de son capital, mais il suffit, pour sa validité, que le *dixième* ait été versé sur chaque action. (Art. 51, loi du 24 juillet 1867 ; Pont, *Traité des sociétés commerciales*, nᵒˢ 1746 et 1747.)

2º Les actions, qui ne peuvent être de moins de 100 fr. dans les sociétés anonymes, peuvent n'être que de 50 fr. dans les sociétés à capital variable. (Art. 1 et 50, loi du 24 juillet 1867.) Elles peuvent donc compter sur le concours des plus modestes capitalistes, puisque, pour devenir associé, il suffit de verser 5 fr., soit le dixième de l'action [1].

3º A moins de dispositions contraires des statuts, les associés sont toujours maîtres de retirer le montant des sommes qu'ils ont versées, et cela même dans le cas où la société serait en perte, pourvu que le capital social conservé soit égal au dixième au moins du capital souscrit. Une telle société, si nous la supposons appliquée à une école, permettrait donc aux pères de famille de ne demeurer associés que pendant le temps de l'éducation de leurs enfants, sauf à être alors remplacés par d'autres pères de famille qui entreraient dans la société afin d'assurer à leur tour à leurs enfants le bienfait de cette éducation.

4º Nous avons vu que toutes les sociétés doivent avoir pour but la réalisation d'un bénéfice à partager. Les sociétés à capital variable n'échappent pas à cette règle. Sans doute,

---

[1] La loi de 1893, en abaissant la valeur des coupures d'actions dans les sociétés ordinaires jusqu'à 25 francs, a enlevé à cette disposition de la loi de 1867 une partie de son intérêt.

s'il s'agit, par exemple, de sociétés de *consommation*, de *coopération*, de *crédit mutuel* ou de *production*, c'est-à-dire de l'une de ces sociétés spéciales en vue desquelles ont été surtout édictées les dispositions des articles 48 et suivants de la loi du 24 juillet 1867 [1], le bénéfice obtenu pourra ne pas être un bénéfice pécuniaire ; mais ce n'est là qu'une exception. Toute société, alors même qu'elle admet la variation de son capital et de son personnel, doit tendre à se procurer des bénéfices partageables entre tous les associés. S'il en était autrement, elle ne serait qu'une simple association privée de toute existence légale. (Arrêt de cassation, 29 octobre 1894 ; *Journal du Palais*, 1895, I, 65.)

5° Ces sociétés sont principalement ce que l'on nomme en droit des *sociétés de personnes* ; aussi et pour mieux leur conserver ce caractère, est-il permis à l'assemblée générale d'exclure tel ou tel associé. (Art. 52, loi du 24 juillet 1867.)

Ce genre de société présente d'un autre côté des inconvénients qui nous paraissent compenser, et au delà, ses avantages :

1° Les actionnaires qui sont exclus et ceux qui se retirent volontairement demeurent, pendant cinq années, tenus envers les associés et envers les tiers de toutes les obligations existant au moment de leur retraite. (Art. 52, loi du 24 juillet 1867.) Or, au moment de leur retraite, il pourra être difficile, sinon impossible, de mesurer l'étendue de cette responsabilité.

2° Les variations incessantes dans l'importance du capital social peuvent devenir un obstacle extrêmement grave au fonctionnement de la société et par suite au fonctionnement de l'école ou de l'œuvre, dont elles pourront même compromettre l'existence. Il en sera ainsi toutes les fois qu'il y aura un écart trop considérable entre le nombre des retraites et celui des admissions nouvelles, et, dans ces conditions, les entreprises sociales manqueront de la sécurité indispensable.

3ᵉ L'administration d'une telle société sera forcément

(1) On peut consulter en ce sens les travaux préparatoires de la loi du 24 juillet 1867.

assez difficile et sa comptabilité assez compliquée ; par suite, les frais de gestion seront nécessairement élevés et constitueront une lourde charge financière.

Ajoutons que ces sociétés sont relativement récentes, qu'elles n'ont peut-être pas encore suffisamment fait leurs preuves, que la jurisprudence n'a pas encore complètement éclairé le sens et la portée des dispositions légales qui les concernent, et nous serons, croyons-nous, autorisés à conclure qu'elles ne doivent être conseillées qu'avec beaucoup de réserve.

Notons encore que les sociétés à capital variable peuvent n'être que des sociétés civiles (loi du 24 juillet 1867, art. 48), et que, si elles empruntent les formes commerciales, elles sont alors soumises aux règles énoncées plus haut, notamment en ce qui touche la publicité.

VII.

FORMULES ; CLAUSES A INSÉRER ; CLAUSES A ÉVITER

Ainsi que nous l'avons déjà dit, il nous paraît impossible d'envisager toutes les situations, de tenir compte de toutes les circonstances et de prévoir toutes les hypothèses. C'est simplement à titre d'exemple, et non comme formule générale et complète, que nous présentons le *projet de statuts* annexé à ce travail. Nous rappelons en même temps aux correspondants de la *Société générale d'éducation et d'enseignement* que nous sommes à leur disposition pour examiner tous les projets d'actes qui nous seront communiqués.

Nous nous bornerons à signaler ici :

1° Quelques clauses qui doivent, selon nous, prendre place dans les statuts des sociétés conservant la forme civile ;

2° Quelques clauses qui doivent figurer dans les statuts des sociétés adoptant la forme commerciale ;

3° Certaines clauses qui doivent être insérées dans les statuts de toutes les sociétés, quelle que soit leur forme ;

4° Enfin, certaines clauses que doivent toujours et dans tous les cas s'interdire les rédacteurs des statuts.

A. **Société à forme civile.**

On nous permettra de rappeler une fois de plus la clause et la précaution essentielles dont nous avons indiqué plus haut le caractère (page 18). Elle a pour but et pour résultat de limiter au fonds social les droits des tiers, créanciers de la société, à l'exclusion du patrimoine propre des associés et des administrateurs. Il y a lieu aussi de ne pas oublier la clause statutaire (page 17, n° 2), qui assure la représentation de la société en justice par le président de son conseil d'administration.

L'intérêt de la société exige évidemment qu'elle ne puisse jamais perdre son caractère et qu'elle ne puisse être détournée de son but par l'adjonction trop facile d'associés nouveaux, étrangers ou peut-être hostiles à l'esprit de ses fondateurs. Une sage précaution consistera donc à dire dans les statuts que les actions devront rester *nominatives*, de telle façon qu'il soit toujours possible de les suivre dans les mains qui les détiendront.

Il faut prévoir aussi la vente des parts sociales, leur transmission par voie héréditaire et les conséquences regrettables que ces mutations de propriété pourraient parfois produire. Sur ce point, il nous parait utile d'insérer dans les statuts la clause suivante : « *La demande de transfert des actions devra être adressée au conseil d'administrction par le cédant et le cessionnaire. Le transfert sera définitivement accompli par une inscription sur le registre tenu à cet effet au siège social. Cette inscription est signée par un administrateur. Il en sera fait mention sur le titre. La cession devra être autorisée par le conseil d'administration, qui pourra toujours l'autoriser de préférence au profit d'un sociétaire et moyennant un prix à déterminer tous les ans par l'assemblée générale, sur le vu du bilan. Le conseil devra, à peine de déchéance de ce droit, en user dans le mois qui suivra la demande de transfert, comme il vient d'être dit ci-dessus. En cas de concurrence de plusieurs sociétaires ainsi autorisés, la préférence appartiendra à celui qui aura le premier notifié son intention au président du conseil d'administration. Il sera fait état au siège social de ceux des associés qui voudraient*

*cesser de faire partie de la société et auraient notifié ainsi ce
désir au président du conseil d'administration, ainsi que de
ceux des associés qui voudraient acquérir de nouvelles parts.* »

Cette clause, dont l'utilité est incontestable, est en même
temps d'une légalité indiscutable lorsqu'il s'agit d'une société
civile, et même, selon nous, lorsqu'il s'agit d'une société
commerciale en la forme. La loi du 24 juillet 1867 (art. 50)
l'admet expressément dans une hypothèse spéciale, mais les
principes généraux permettent d'étendre cette application.
(Art. 1861, C. civ.; Deloison, I, 184, 185; Pont, n° 1752; —
Guillouard, *Traité des sociétés*, n° 256 ; — Houpin, *Traité des
sociétés par actions*, 1889, tome I, n° 67; — Arrêt de Paris,
17 août 1877; *Journal du Palais*, 1879, 211; — Cassation,
20 février 1894; *Journal du Palais*, 1894, I, 185; — Cassation,
15 mai 1895 ; Dalloz, 1895, I, 467.) Le pouvoir d'autoriser la
transmission peut être remis à l'assemblée générale ou, plus
simplement, au conseil d'administration. Il ne faut user de
ce pouvoir qu'avec discrétion ; mais il peut être indispensable d'en user pour maintenir la société dans l'esprit de ses
fondateurs [1].

Nous devons cependant noter un jugement du tribunal de
Lyon du 12 mars 1895 (Dalloz, 1896, II, 322) qui s'appuie sur
cette clause d'autorisation préalable des transferts pour déclarer, à la requête du fisc, qu'une société, soumise à cette
clause, n'était en réalité qu'une association religieuse passible de la taxe d'abonnement. Cette jurisprudence, isolée et
très discutable, s'explique par cette double circonstance, re-
levée en outre par la sentence, que les associés étaient tous
des religieux et que les statuts ne permettaient pas la distribution des bénéfices avant la liquidation. Dans une autre
espèce, l'administration, par une instruction du 29 juin 1883
(Dalloz, 1886, III, 134), avait reconnu qu'une cession ainsi
autorisée était régulière et n'entraînait que la perception du
droit de 0,50 %. L'autorisation préalable des cessions de
parts ou d'actions est donc licite et peut faire l'objet d'une
disposition statutaire valable toutes les fois que le caractère
sérieux de la société est bien établi.

(1) Nous donnons *in fine* la formule d'une demande de transfert.

La société peut avoir en outre intérêt à racheter elle-même les parts sociales qui seraient mises en vente ou transmises héréditairement. Lorsqu'elle a revêtu la forme civile, et que les tiers, par suite de l'absence d'une publicité qui n'est pas prescrite en ce cas, n'ont pas à compter sur la permanence d'un capital dont ils ne connaissent même pas l'importance, la société peut user de cette forme d'amortissement, en employant par exemple ses bénéfices à l'acquisition de certaines parts, pourvu cependant que ses statuts lui en donnent le droit. Ce droit résultera suffisamment de la clause suivante : *« Dans le mois qui suivra la demande de transfert faite comme il est dit ci-dessus, la société pourra, par l'organe de son conseil d'administration, exercer le retrait desdites actions moyennant le paiement, pour chaque action, d'une somme à déterminer chaque année, d'après le bilan, par l'assemblée générale. »* La Cour de cassation n'hésite pas à reconnaître la validité de cette clause. (Arrêt du 24 novembre 1856 ; *Journal du Palais*, 1858, p. 68.)

Enfin, même en l'absence de toute transmission, la société peut désirer acquérir une ou plusieurs parts sociales. Elle en a le droit également si les statuts renferment la stipulation suivante : *« La société pourra, quand le conseil d'administration en décidera ainsi, devenir acquéreur à l'amiable de tout ou partie des droits des associés. »*

Rappelons ici ce que nous avons dit plus haut (p. 23) relativement au rachat qu'une société ayant emprunté la forme commerciale voudrait faire de ses actions. Nous reviendrons tout à l'heure sur ce point fort important.

Pour l'application de toutes ces clauses, il importera de provoquer tous les ans une délibération de l'assemblée générale fixant le prix des cessions dont il s'agit. Les statuts ne peuvent faire sans inconvénients cette fixation une fois pour toutes et à forfait ; le cédant qui accepterait ce forfait pourrait être considéré par le fisc comme faisant l'abandon gratuit, soit à son cessionnaire, soit à la société, de la plus-value afférente à sa part, et ainsi cette négociation pourrait être frappée d'un droit fort élevé. Telle est, du moins, la prétention émise par quelques agents de l'administration, et contre laquelle il est sage de se prémunir.

B. **Sociétés civiles à forme commerciale.**

Ces sociétés, elles aussi, ont le plus grand intérêt à conserver à leurs actions le caractère d'actions nominatives, et elles devront en faire l'objet d'une stipulation expresse dans les actes constitutifs. C'est ainsi seulement qu'elles pourront faire obstacle à des transmissions fâcheuses, en usant du droit de ne pas autoriser celles qui leur paraîtraient de nature à ne pas être permises.

Pour que l'exercice de ce droit soit possible, il importera que les statuts de ces sociétés empruntent la première des trois formules que nous avons données plus haut, et qu'une délibération de l'assemblée générale détermine chaque année la valeur de l'action. Au moyen de ces précautions, nous pensons que la société civile à forme anonyme pourra s'opposer à toute cession qu'elle ne voudrait pas agréer ; mais nous devons reconnaître que si cela est indiscutable pour les sociétés qui conservent la forme civile, cela a été discuté, au contraire, pour celles qui empruntent la forme commerciale. (Pont, n° 1587.) La majorité des auteurs et des arrêts sont cependant aujourd'hui d'accord avec l'opinion que nous émettons, mais il n'en reste pas moins que l'adoption de la forme civile procurera sur ce point un supplément de sécurité.

Nous avons vu que les sociétés à forme commerciale pouvaient, sous certaines conditions (voir pages 24 et 33), se réserver le droit de racheter leurs propres actions. Il faut, nous le répétons, que ce droit soit inscrit dans les statuts, et qu'aucune des précautions ci-dessus indiquées ne soit négligée.

Même en tenant compte de toutes ces réserves, un tel rachat ne doit être considéré que comme exceptionnel. La jurisprudence semble bien ne plus vouloir le condamner absolument, mais il est certain qu'il n'est pas favorable, par ce motif qu'il porte atteinte au principe de l'immutabilité du capital social, principe essentiel dans les sociétés commerciales. De plus, il convient d'observer que les sociétés dont nous parlons ici ont intérêt, d'une part, à se constituer des réserves pour parer aux événements imprévus, et, d'autre.

part, à retenir le plus grand nombre de leurs actionnaires, dont le concours moral est leur principale force. Ce n'est donc que bien rarement qu'il sera bon pour ces sociétés de restreindre l'importance de leur capital en rachetant quelques-unes des parts émises. Elles pourront le faire, lorsque cela sera indispensable, en prévoyant cette restriction dans les statuts, en la faisant décider par l'assemblée générale, en veillant à ce que, toutes leurs dettes étant éteintes, leurs créanciers ne puissent en souffrir, et en faisant publier la délibération de l'assemblée.

En résumé, si la société est purement civile dans le fond comme dans la forme, la responsabilité des associés au delà de leur apport désintéresse les tiers de l'opération du rachat, qui ne saurait leur préjudicier ; mais l'administration de l'enregistrement et, avec elle, certains tribunaux peuvent voir dans la stipulation qui la prévoit une sorte de clause de réversion de nature à placer la société sous le régime des associations, c'est-à-dire sous le coup de l'application de la taxe d'abonnement, dans le cas surtout où certaines clauses suspectes pourraient être relevées à côté de celle-ci. Si la société civile a revêtu la forme commerciale, le rachat peut être une occasion de difficultés avec les tiers, qui sont en droit de compter sur le capital social tout entier, tel qu'il a été annoncé par les publications, et qui ne peuvent avoir à en subir la restriction que s'ils ont été prévenus par de nouvelles publications et si, de plus, leur créance demeure suffisamment garantie. Mieux vaut même que toutes les créances soient éteintes au moment où l'assemblée générale décide la restriction. (Arrêt de cassation du 1er août 1893 ; *Journal du Palais*, 1894, I, 22 ; — Paul Pont, Sociétés commerciales, n° 1444.)

C. Clauses à insérer dans les statuts de toutes les sociétés, quelle que soit leur forme.

La société ne peut pas être formée pour un temps indéterminé, et il ne convient même pas d'ordinaire qu'elle le soit pour un temps trop long ; les circonstances indiqueront la durée qui devra lui être assignée, mais à son expiration, il pourra être utile de prolonger son existence, comme aussi, avant cette époque, il pourra être opportun d'en prononcer la dissolution. Dans ce double ordre d'idées, nous recommandons la formule suivante : « *La durée de la Société est de   années qui commenceront le*

« *La Société pourra se proroger, se dissoudre par anticipation, se fusionner avec une autre Société, modifier ses statuts ; mais le conseil d'administration aura seul le droit de prendre l'initiative de ces mesures, qui devront être soumises à une assemblée générale extraordinaire.*

« *Pour délibérer valablement, cette assemblée devra compter un nombre de sociétaires représentant au moins le tiers des parts sociales, et les votes devront réunir au moins les voix des trois quarts des sociétaires présents ou représentés. Les convocations devront être faites par lettres recommandées et annoncer l'objet de l'assemblée.* »

D. **Clauses à éviter dans toutes les sociétés.**

Une seule recommandation suffit à cet égard. Pour être inattaquables au point de vue des lois de police, comme au regard de la législation civile, nos sociétés ne doivent admettre aucune clause qui puisse permettre de les confondre avec une association ordinaire ou avec une œuvre de charité. Elles doivent être au fond des sociétés d'affaires, et elles doivent dans la forme affirmer leur caractère.

Certaines sociétés, par exemple, dans un esprit de déférence très naturel, d'ailleurs, croient devoir laisser soit à l'autorité épiscopale, soit aux supérieurs d'une congrégation le soin d'intervenir dans le règlement des difficultés qui peuvent se produire. Une telle disposition, comme toute autre disposition analogue, doit être interdite.

VIII.

PACTE TONTINIER

Le pacte tontinier ne constitue pas, à proprement parler, un contrat de société. Nous devons cependant en examiner le caractère, parce qu'il est souvent employé par les congrégations religieuses pour asseoir la propriété de leurs immeubles scolaires ou autres.

Le pacte tontinier unit les unes aux autres des personnes qui se soumettent, au point de vue du règlement de leurs droits de propriété, à des événements aléatoires résultant de leur mortalité successive. Chacune de ces personnes aliène en effet son droit au profit de la masse et du dernier survivant, en se réservant, comme seul bénéfice de l'opération, la chance de survie. (Arrêt de cassation, 1er juin 1858 ; Dalloz, 1858, I, 251 ; — Dalloz, v° Enregistrement, supplément, nos 1941 et 1942 ; — Arrêts de cassation des 25 février 1873, 8 août 1873, 23 janvier 1893 ; *Journal du Palais*, 1873, 609, 617, et 1893, I, 481.)

Ce pacte est fort onéreux et soumis à de lourdes perceptions fiscales. Il échappe, il est vrai, à la taxe sur le revenu, par ce motif que les lois du 29 juin 1872 (art. 1er) et du 28 décembre 1880 (art. 3) ne l'imposent qu'aux sociétés, c'est-à-dire aux associations dont les opérations ont pour but la réalisation d'un bénéfice commun et que tel n'est pas l'objet de la tontine. (Solution de la régie du 2 février 1892 ; Dalloz, 1893, II, 321.) Par contre, chaque cession des droits d'un tontinier donne lieu à la perception, non pas de la taxe de 0,50 %, comme en matière de société (Arrêt de cassation du 14 novembre 1877 ; *Journal du Palais*, 1878, 69), mais à celle du droit de mutation à titre onéreux, soit 5,50 % (loi du 22 frimaire an VII, art. 4 et 69), et ce droit doit être calculé sur la valeur totale de la part transmise. (Solution précitée de la régie. — Voir aussi Dalloz, v° Enregistrement, supplément, n° 1942.)

Ajoutons que si, à côté du droit de réversion, le contrat admettait la clause d'adjonction de nouveaux membres, il y aurait ouverture au droit d'accroissement, transformé aujourd'hui en une taxe d'abonnement. (Art. 4, loi du 28 décembre 1880 ; art. 9, loi du 29 décembre 1884 ; art. 4, loi du 17 avril 1895. — Solution précitée de la régie.)

La Cour de cassation, au point de vue fiscal, a décidé qu'un pacte tontinier contracté entre religieuses dissimulait une congrégation et était passible du droit d'accroissment. (Arrêt du 25 janvier 1897 ; Dalloz, 1897, I, 531.) Certaines circonstances de fait sur lesquelles nous n'avons pas à insister ici peuvent avoir déterminé cette jurisprudence. Sans vouloir l'approuver, nous devons la noter comme l'indice de la rigueur que les tribunaux apportent dans leurs appréciations en cette matière.

IX.

INDIVISION

Bien moins encore que le pacte tontinier, le pacte d'indivision peut être assimilé à une société véritable, et, s'il est possible d'y recourir pour asseoir provisoirement la propriété d'un immeuble scolaire ou affecté à toute autre destination, si l'on peut y trouver cet avantage que les copropriétaires indivis, en se surveillant les uns les autres, peuvent mieux assurer le maintien de la destination voulue par eux au moment de l'acquisition, il ne faut pas oublier qu'il ne constitue qu'une situation de fait, essentiellement précaire et transitoire, et que l'action en partage, toujours ouverte aux parties après un délai maximum de cinq années (art. 815, C. civ.), peut, sauf des renouvellements successifs pour cinq nouvelles années, transformer et supprimer cette situation.

Nous mentionnons ici le pacte d'indivision, parce que les fondateurs d'écoles libres ou les propriétaires d'immeubles abritant des communautés ou des œuvres religieuses ont parfois essayé de lui demander la sécurité dont ils ont besoin, sans avoir à se soumettre aux formalités plus compliquées du contrat de société. Aucune des règles de ce dernier contrat, qu'elles résultent du Code civil, du Code de commerce, de la loi du 24 juillet 1867 ou de la loi du 3 août 1893, ne lui sont en effet applicables, mais, en retour, il ne saurait prétendre aux mêmes immunités, non plus qu'à une durée égale : si l'on voulait, par des clauses particulières et accessoires, lui faire produire d'autres effets que ses effets légaux, déterminés par le Code civil, s'il était, par exemple, consenti par plusieurs religieux au profit de leur congrégation, il risquerait d'être considéré comme une simple association et d'être traité en conséquence, notamment au point de vue

fiscal. Il en serait de même si quelqu'une de ces clauses
avait pour but apparent ou déguisé d'assurer sa perpétuité
ou seulement d'en imposer le maintien au delà de cinq années. Une telle clause ne serait pas opposable aux héritiers
et elle ne manquerait pas d'éveiller l'attention de l'enregistrement. (Sur le pacte d'indivision, voir jugement du tribunal
civil de Guingamp, 15 juillet 1892; *Journal du Palais*, 1895,
II, 87, et la note critiquant ce jugement.)

X.

LÉGISLATION FISCALE

Des lois fiscales successives et nombreuses ont, depuis
vingt ans surtout, soumis les sociétés à certains impôts et
ont assujetti leurs fondateurs et leurs administrateurs à
l'accomplissement de certaines formalités. Toute inobser-
vation de la loi sur ce point rendant la société passible
d'amendes considérables, et cette responsabilité pouvant re-
jaillir sur les administrateurs, il nous paraît utile de résumer
ici ses principales prescriptions.

I. L'acte constitutif de la société peut être rédigé sous
seing privé ou en la forme authentique. S'il a été rédigé
sous seing privé, il devra être présenté à l'administration
dans les trois mois de sa date. (Art. 22, loi du 22 frimaire
an VII.) Si l'acte est authentique, il sera présenté à l'enregistrement par le notaire qui l'aura dressé et dans les délais
qui lui sont impartis.

II. La constitution de la société donne lieu à la perception
de :

1° Un droit fixe de cinq francs. (Loi du 22 frimaire an VII,
art. 68, et loi du 28 avril 1816, art. 45.)

2° Un droit proportionnel de 0,20 % du capital social. (Loi
de finances du 14 avril 1893, art. 19.)

La loi de 1893 a substitué ce droit proportionnel au droit
gradué établi par les articles 1 et 2 de la loi du 28 février 1872,
et qui était calculé à raison de 5 francs pour un capital inférieur ou égal à 5,000 francs, de 10 francs pour un capital de
5,000 francs à 10,000 francs, et ensuite de 20 francs pour

chaque somme de 20,000 francs en plus, ou pour chaque fraction de cette somme. Ce nouvel impôt, pour demeurer encore atténué dans son *quantum*, n'en prend pas moins le caractère de la proportionnalité.

Le droit proportionnel ordinaire de mutation n'est dû que si l'acte de société porte obligation, libération où transmission de biens meubles ou immeubles entre les associés ou autres personnes. Il en est ainsi, par exemple, lorsque la société s'engage à payer tout ou partie du prix restant dû au précédent vendeur de l'immeuble apporté. (Cassation, 23 mars 1859; Dalloz, I, 464; — Cassation, 6 février 1878; Dalloz, 1878, I, 257.) Pour éviter le paiement de ce droit, l'apporteur doit rester chargé du paiement de la dette, ainsi que nous l'avons dit plus haut.

La Cour de cassation applique cette règle avec rigueur. C'est ainsi qu'elle a soumis au droit proportionnel de mutation un apport dans une espèce où la société s'était substituée aux apporteurs pour acquitter une dette hypothécaire grevant l'immeuble apporté. (Arrêts de cassation, 14 novembre 1893 ; *Journal du Palais*, 1894, I, 517 ; — 15 janvier 1896 ; *Gazette des tribunaux*, 16 janvier 1896.)

III. L'apport d'immeubles fait à une société et rémunéré par l'attribution d'un certain nombre d'actions est un acte translatif de propriété, et, à ce titre, il ne devient opposable aux tiers que par la transcription hypothécaire exigée par l'article 1er de la loi du 23 mars 1855. En conséquence, faute de cette transcription, la société sera réputée, au regard des tiers, n'avoir jamais été propriétaire de l'immeuble apporté. On comprend dès lors qu'il y aura souvent intérêt pour elle à ne pas négliger cette formalité. Le droit de ce chef est de 1 fr. 50 %. (Art. 25, loi du 21 ventôse an VII; art. 54, loi du 28 avril 1816; — Arrêt de cassation, 25 avril 1893; Dalloz, 1893, I, 320.) A cet égard, les personnes fondant une société devront prendre l'avis de leurs conseils, qui apprécieront la nécessité ou la non-nécessité de cette formalité.

IV. Les transferts d'actions nominatives donnent lieu à la perception du droit de 50 centimes pour 100 francs sur chaque transmission, lorsque la transmission s'opère par un transfert inscrit sur les registres de la société. (Arrêt de cassation, 7 mars 1866; Dalloz, 1866, I, 119.) Ce tarif est un tarif de faveur dont le bénéfice ne peut être réclamé si les statuts prévoient un autre mode de cession. (Loi du 16 septembre 1871, art. 11; loi du 30 mars 1872, art. 1.)

Les transmissions d'actions étant relativement rares dans les sociétés de la nature de celles qui nous occupent, et la valeur de négociation de chaque titre n'étant pas ordinairement très élevée, ce tarif sera le plus souvent plus avantageux que le tarif d'abonnement dont nous allons parler tout à l'heure. Or, pour que le droit de 50 centimes sur la valeur de chaque action cédée soit seul exigible, il faut que les statuts exigent impérativement que le transfert ne puisse être valable que par son inscription sur le registre spécial tenu au siège social. En l'absence d'une stipulation formelle en ce sens, l'enregistrement soutient que les transferts peuvent se dissimuler à ses investigations et réclame le droit d'abonnement. (Arrêt de cassation, 31 janvier 1893 ; *Journal du Palais*, I, 269; — Arrêt de cassation, 4 décembre 1893; *Ibid.*, 1894, I, 515.) L'inscription sur le registre des transferts ne doit donc pas être prescrite seulement comme une mesure d'ordre intérieur, mais comme une condition essentielle de sa validité.

Le droit de transfert doit être acquitté à la fin de chaque trimestre, au bureau d'enregistrement du siège social. Les sociétés doivent déposer à ce bureau un relevé des transferts accomplis pendant le trimestre. Elles doivent faire l'avance des droits qu'elles recouvrent ensuite sur l'acquéreur, si elles ont omis d'en réclamer la consignation préalable. (Loi du 23 juin 1857, art. 7.)

Les cessions d'actions au porteur par simple tradition, par endossement ou par acte sous seing privé, ne motivent aucune perception spéciale au moment où elles s'opèrent ; mais la société doit, à raison de la création des titres de cette nature, acquitter annuellement un droit de 20 centimes pour 100 francs, calculé non sur le capital intégral, mais sur les sommes versées. (Lois des 16 septembre 1871, art. 11 ; 30 mars 1872, art. 1ᵉʳ; 29 juin 1872, art. 13; —Arrêt de cassation, 13 février 1888; Dalloz, 1888, I, 420.) Il en est ainsi non seulement lorsque les actions sont au porteur, mais aussi lorsque leur transmission peut s'opérer sans inscription sur le registre des transferts de la société. (Arrêt de cassation, 10 juillet 1889 ; Dalloz, 1890, I, 273.)

Le droit sur les titres au porteur ou sur les titres assimilés dans les termes ci-dessus est payable par trimestre et avancé par les sociétés, sauf leur recours contre les porteurs de ces titres. (Loi du 23 juillet 1857, art. 7.)

V. Les actions, si la société croit utile d'en créer (et il lui est permis de ne pas le faire), doivent être timbrées. Le droit de timbre est de 0,50 %, lorsque la durée de la société n'excède pas dix ans, et de 1 % en cas de durée plus longue. (Loi du 5 juin 1850, art. 14.) Si la société le préfère, un abonnement annuel de 5 centimes par cent francs peut être substitué à la perception du droit de timbre ; cet abonnement est calculé sur le capital nominal. (Même loi, art. 22.) La plupart des sociétés profitent de cette faculté, d'autant plus qu'elles peuvent, en l'absence de bénéfices pendant deux années consécutives, obtenir la remise du droit. (Art. 22, § 2, loi du 5 juin 1851).

On peut échapper à la perception du droit de timbre en décidant que le seul titre des associés sera un extrait de l'acte statutaire qui pourra leur être délivré à leurs frais. Mais ce procédé est peu commode et complique les opérations du transfert.

VI. La société doit, en outre, acquitter un impôt de 4 % sur le montant de ses revenus et bénéfices. (Art. 1 et 3, loi du 29 juin 1872 ; art. 3, loi du 28 décembre 1880 ; art. 9, loi du 28 décembre 1884 ; art. 4, loi du 24 décembre 1890.) Les parts d'intérêts dans les sociétés commerciales en nom collectif échappent à cette taxe, qui ne frappe que le montant de la commandite dans les sociétés en commandite. La même exception existe au profit des parts d'intérêts dans les sociétés dites de coopération et formées exclusivement entre des ouvriers ou des artisans au moyen de leurs cotisations périodiques. Les sociétés civiles ordinaires, les sociétés civiles à forme anonyme et les sociétés anonymes sont, au contraire, comprises dans la règle générale.

Cet impôt est calculé sur un revenu présumé de 5 % du capital appelé pour les sociétés nouvellement créées et, pour les sociétés en exercice depuis plus d'un an, sur les quatre cinquièmes du revenu distribué d'après le résultat du dernier exercice. Le paiement doit se faire en quatre termes égaux dans les vingt premiers jours de janvier, avril, juillet et octobre de chaque année. Tous les ans, lorsque l'exercice est clos, il est procédé à une liquidation définitive de la taxe. Celle-ci doit être complétée s'il résulte de la liquidation un complément dû au trésor, et elle doit, par contre, être remboursée si la société établit qu'elle n'a pas fait de bénéfices ou si elle est arrivée à son terme. (Art. 1 et 2, décret du 6 décembre 1872.) Les délibérations des assemblées générales fixant le revenu distribué aux actionnaires ou accusant l'absence de revenus ou de bénéfices doivent être déposées, dans les vingt jours de leur date, au bureau de l'enregistrement du siège social. (Art. 2, loi du 29 juin 1872.)

Si les statuts stipulaient qu'il n'y aurait pas de distribution de bénéfices entre les associés, l'impôt sur le revenu, soit 4 %, calculé sur un revenu fictif ou supposé de 5 % du capital social, serait perçu, à titre de forfait, aux termes de l'article 3 de la loi du 29 décembre 1880 et de l'article 9 de la loi du 28 décembre 1884. (Cassation, 23 janvier 1893 ; Dalloz, 1893, I, 387.)

Le même impôt de 4 % atteint les intérêts et arrérages des emprunts contractés par les sociétés. Il en est ainsi même lorsqu'il s'agit d'un emprunt hypothécaire, malgré les droits auxquels sont déjà soumis ces sortes d'emprunts. (Cassation, 4 novembre 1880 ; Dalloz, 1881, I, 87 ; 28 août 1882 ; Dalloz, 1883, I, 422 ; 2 août 1886 ; Dalloz, 1886, I, 446 ; 9 mars 1896 ; Dalloz, 1898, I, 239.) Le tribunal de la Seine a longtemps refusé d'adopter cette solution ; il a cédé devant la persistance de la Cour suprême. (Jugement du 2 avril 1898 ; *Gazette des tribunaux*, 4 septembre 1898.)

En cas d'ouverture de *compte courant*, c'est-à-dire quand il y a entre la société et des tiers des remises réciproques, le compte courant ne constitue pas un emprunt et échappe à l'impôt ; mais il faut qu'il y ait des versements effectués des deux côtés, des alternances de crédit et de débit. Dans ce cas, le solde seul des opérations sera, au point de vue de la taxe à percevoir, assimilé à un emprunt. (Arrêts de cassation,

2 juillet 1890 ; Dalloz, 1891, I, 379, et 29 octobre 1894 ; Dalloz, 1895, I, 261 ; Cassation, rejet, 3 mai 1898 ; *Gazette des tribunaux*, 4 mai 1898.)

La taxe sur le revenu est due même lorsque les statuts stipulent un versement d'intérêts à prendre sur le capital à défaut de bénéfices. (Arrêt de cassation, requêtes, 2 juillet 1894 ; Dalloz, 1894, I, 518 ; Vavasseur, *Traité des sociétés*, n° 569.) Cette clause est d'ailleurs licite, notamment pendant la période de formation ; elle n'implique pas une distribution de dividendes fictifs et peut être considérée comme une dépense imputable sur les frais généraux et de premier établissement. (Arrêts de cassation, 8 mars 1881 ; *Journal du Palais*, 1881, I, 619 ; — Lyon, 12 mars 1885 ; Grenoble, 15 juillet 1886 ; *Journal du Palais*, 1886, 1245.) Si licite que soit cette clause, elle nous paraît assez périlleuse pour qu'il soit bon de ne l'admettre que d'une façon tout à fait exceptionnelle dans les sociétés de la nature de celles qui font l'objet de ce travail.

VII. Aux termes des lois des 20 février 1849 et 30 mars 1872, les biens immeubles des sociétés anonymes, passibles de la contribution foncière, doivent une taxe annuelle de 70 centimes par franc du principal de ladite contribution. Cette taxe est en outre soumise aux décimes supplémentaires auxquels sont soumis les droits d'enregistrement.

L'article 1er de la loi de 1849, auquel n'a pas dérogé l'article 5 de la loi de 1872, ne vise que les sociétés anonymes. Aussi la jurisprudence exempte-t-elle de cet impôt toutes les autres sociétés, par exemple les sociétés en commandite. (Conseil d'État ; Dalloz, 1893, V, 170.) Les sociétés civiles qui ne sont pas désignées par la loi participent également à cette exemption. De plus, les sociétés anonymes ne doivent la taxe que si elles sont propriétaires. Ainsi une société anonyme, simplement locataire d'un immeuble où elle exploite une école, est exemptée. (Conseil d'État, 5 mai 1890 ; Dalloz, 1891, V, 141.)

VIII. En règle générale, une société civile, alors même qu'elle revêt la forme anonyme, n'est pas, par le fait seul de son existence, soumise à la patente. Il peut en être autrement si ses opérations sont de celles que le législateur, soit d'une façon directe, soit par voie d'assimilation, assujettit à cette imposition. Sur ce point, nous nous bornons à rappeler quelques règles admises par la jurisprudence.

En principe, les externats primaires échappent à la patente, mais ce qui est vrai des externats primaires cesse de l'être des pensionnats ou des établissements donnant l'enseignement secondaire. (Conseil d'État, 4 novembre 1887 ; Dalloz, 1888, V, 345, et 1er juillet 1887 ; Dalloz, 1888, III, 110 ; Dalloz, Jurisprudence générale, supplément, v° Patente, n° 588.) Le tableau D, annexé à la loi du 15 juillet 1880 et à celle du 21 août 1893, n'a rien changé à cet égard à la règle posée par le même tableau D, annexé à la loi du 18 mai 1850. Aux termes de l'article 12 de la loi du 15 juillet 1880, le droit proportionnel de patente doit être établi sur la valeur locative tant de la maison d'habitation du patentable que des locaux servant à l'exercice de sa profession, mais il résulte des tableaux annexés à cette loi que les locaux affectés au logement et à l'instruction des élèves ne doivent pas être compris dans l'estimation de cette valeur locative. (Loi du 15 juillet 1880, tableau D ; *Journal du Palais*, 1881, p. 61 ; Conseil d'État, 11 mai 1888 ; *ibid.*, Jurisprudence administrative, 317.) La loi de finances du 28 avril 1893 a maintenu cette évaluation. (*Journal du Palais*, 1893, Lois et décrets, p. 614.)

Quant aux établissements charitables, tels, par exemple, que les ouvroirs, orphelinats, maisons de retraite, etc., ils ne doivent la patente que si leurs ressources ne leur sont pas principalement fournies par la générosité de ceux qui les ont fondés ou qui les soutiennent et si ces ressources proviennent, en majeure partie, des prix de pension payés par les élèves ou autres personnes qui y sont recueillies ou par le produit du travail des mêmes personnes. (Dalloz, Jurisprudence générale, supplément, v° Patente, n° 545 ; — Conseil d'État, 29 février 1860 ; Dalloz, 1860, V, 266 ; — 24 mars 1882 ; Dalloz, 1882, III, 286 ; — 22 juin 1889 ; Dalloz, 1889, III, 13.)

Pour assurer la perception de ces divers droits, les administrateurs des sociétés doivent :

1° Faire, dans le mois de la constitution de la société, au bureau d'enregistrement du lieu où elle aura son siège, une déclaration faisant connaître l'objet, le siège et la durée de la société, la date de sa constitution et celle de l'enregistrement de l'acte qui l'aura constatée, les noms des directeurs ou gérants, le nombre et le montant des titres émis. (Art. 1ᵉʳ, décret du 17 juillet 1857.) Cette formalité ne regarde pas le notaire rédacteur des statuts, mais bien les administrateurs de la société. La déclaration se fait sur papier libre.

2° Renouveler cette déclaration en cas de changements dans les éléments de la déclaration primitive. (Même article.)

En cas d'infraction, l'amende est de 100 francs à 5,000 francs. (Art. 10, loi du 23 juin 1857.)

3° Déclarer les transferts et cessions opérés dans le cours de chaque trimestre, et ce, dans les vingt jours à compter de l'expiration du trimestre. (Art. 2, décret du 7 juillet 1857.) La société doit faire l'avance du droit, sauf son recours contre les cessionnaires.

En cas d'infraction, même amende.

4° Déposer au bureau de l'enregistrement, dans les vingt jours de leur date, les comptes rendus extraits des délibérations des conseils d'administration ou des assemblées d'actionnaires, ou tous autres documents déterminant les revenus ou les dividendes. (Art. 2, loi du 29 juin 1872.)

En cas d'infraction, même amende.

5° Présenter les titres à la formalité du timbre ou contracter, avant leur émission, l'abonnement annuel dont il est parlé plus haut et qui est plus avantageux pour les sociétés qui ne sont pas assurées de pouvoir toujours distribuer des bénéfices.

En cas d'infraction, amende de 12 % du montant du titre non timbré. (Art. 18, loi du 5 juin 1850.)

IX. Les sociétés assujetties aux vérifications de l'enregistrement par les lois du 23 août 1871 et du 21 juin 1875, sont tenues de communiquer aux agents de l'administration les pièces, titres et livres qu'elles détiennent et qui leur sont désignés pour être vérifiés. (Cassation, arrêt du 4 mai 1885 : Dalloz, 1885, I, p. 324.) Cette règle s'appliquera plus sévèrement aux sociétés à forme anonyme qu'aux sociétés purement civiles. (Cassation, arrêt du 22 mars 1887 ; Dalloz, 1888, I, p. 32.)

Un arrêt de la chambre des requêtes (4 août 1896 ; *Gazette des tribunaux*, 6 août 1896) a admis le pourvoi formé contre un jugement du tribunal de Lyon, qui avait déclaré une société anonyme tenue de communiquer le registre des délibérations de son conseil d'administration. Le registre n'est pas, en effet, soumis en principe à communication. Cependant la Cour de cassation a maintenu la jurisprudence du tribunal de Lyon en déclarant que, d'après les statuts, le registre du conseil d'administration contenait des renseignements sur la comptabilité. (Arrêts du 22 février 1898 et du 1ᵉʳ mars 1898; *Gazette des tribunaux*, 2 mars et 21 juin 1898.)

D'autre part, il a été jugé que le fisc avait le droit de prendre connaissance des livres de comptabilité d'une société, même civile, pour critiquer, s'il y a lieu, en vue de la quotité du droit à percevoir, l'évaluation donnée à une part sociale dont l'acte de cession était présenté à la formalité. (Tribunal de la Seine, 22 janvier 1886 ; Dalloz, 1887, III, 64 ; — Arrêt de cassation, 30 décembre 1890; Dalloz, 1891, I, 319.)

X. Il faut aussi rappeler la prétention que manifeste l'administration de soumettre aux formalités de timbre les pouvoirs donnés pour les assemblées générales.

Les actionnaires convoqués à l'assemblée générale peuvent, en effet, se faire représenter par un autre actionnaire à qui ils donneront leurs procurations. Les procurations doivent être rédigées sur papier timbré lorsqu'elles sont annexées au procès-verbal de l'assemblée générale et les agents du fisc ont le droit de se les faire représenter pour s'assurer de l'accomplissement de la formalité. (Cassation, 18 mars 1889 ; Dalloz, 1890, 1, p. 39.)

En fait, et par mesure d'économie, on peut n'annexer au procès-verbal et par conséquent ne soumettre au timbre que les procurations nécessaires pour arriver à former la majorité requise par les statuts pour la validité des délibérations.

APPENDICE

I.

Des rapports des Sociétés avec les préposés de l'enregistrement.

Lorsqu'on établit une société, un des principaux soucis de ses fondateurs doit être d'observer une attitude correcte vis-à-vis des représentants de l'administration de l'enregistrement et du timbre, auxquels la loi a donné un pouvoir d'investigation presque sans limites.

Et d'abord les préposés de l'enregistrement doivent, lorsqu'ils se présentent au siège de la société, y trouver à leur disposition les registres de comptabilité, le registre à souche des actions et celui des transferts. Si le détenteur de ces registres vient à fermer sa maison pour longtemps, il fera bien de les déposer ailleurs et d'en aviser le receveur de l'enregistrement pour la circonscription.

Aux termes des articles 9 et 10 du décret réglementaire du 17 juillet 1857, de l'article 22 de la loi du 23 août 1871 et de l'article 7 de la loi du 21 juin 1875, les préposés à la vérification ont le droit d'exiger communication des registres cités plus haut, de toutes les pièces de comptabilité et de toutes les écritures accessoires.

Les seuls documents échappant à cette vérification sont le registre des procès-verbaux du conseil d'administration et la correspondance, à la condition que les lettres ne contiendront ni quittance ni décharge. (Voir ci-dessus, arrêt du 4 août 1896.)

Habituellement le premier acte d'investigation consiste à demander communication de la feuille de présence à l'assemblée générale et des pouvoirs qui y sont relatés. Vainement répondrait-on que les pouvoirs étaient verbaux. La Cour de cassation a décidé que cette réponse, eu égard à l'usage général de la procuration écrite, devait être assimilée au refus de communication, qui est passible d'une amende. Il importe donc que les procurations relatées sur la feuille de présence soient toutes sur timbre. Pour éviter une dépense inutile, on peut ne mentionner sur cette feuille que les pouvoirs nécessaires pour compléter le nombre des sociétaires exigé par les statuts. Rien n'empêche non plus deux ou plusieurs sociétaires de donner un pouvoir collectif sur une feuille unique de timbre.

Lorsqu'une société a fait exécuter des travaux, le représentant de l'administration demande à voir les devis. Avant de refuser la communication, il faut être bien sûr que ces devis ne sont pas visés dans les quittances et autres pièces de comptabilité. La communication est d'ailleurs sans inconvénient si les devis ne portent d'autre signature que celle de l'architecte de la société : mais il en serait autrement si le devis était signé des entrepreneurs, ce qui lui donnerait le caractère d'une convention : la régie percevrait alors le droit proportionnel de marché.

C'est à titre d'exemple que nous venons de citer ce qui concerne les devis : d'une manière générale, il convient de ne mettre dans les écritures que ce qui est indispensable et d'apporter à cette partie de l'administration de la société la plus grande prudence.

Rien ne s'oppose, d'ailleurs, à ce qu'on demande au représentant de l'administration de préciser les pièces dont il réclame la communication et d'accorder un délai pour les rechercher et les produire.

II.

Loi du 24 juillet 1867 sur les Sociétés

TITRE PREMIER

DES SOCIÉTÉS EN COMMANDITE PAR ACTIONS (1)

ARTICLE PREMIER. Les sociétés en commandite ne peuvent diviser leur capital en actions ou coupons d'actions de moins de cent francs, lorsque ce capital n'excède pas deux cent mille francs, et de moins de cinq cents francs, lorsqu'il est supérieur.

Elles ne peuvent être définitivement constituées qu'après la souscription de la totalité du capital social et le versement, par chaque actionnaire, du quart au moins du montant des actions par lui souscrites.

---

(1) Toutes les dispositions du titre premier que nous publions ici s'appliquent aux sociétés anonymes, quoique le titre premier ne parle que des sociétés en commandite par actions.

4

Cette souscription et ces versements sont constatés par une déclaration du gérant dans un acte notarié.

A cette déclaration sont annexés la liste des souscripteurs, l'état des versements effectués, l'un des doubles de l'acte de société, s'il est sous seing privé, et une expédition, s'il est notarié et s'il à été passé devant un notaire autre que celui qui a reçu la déclaration.

L'acte sous seing privé, quel que soit le nombre des associés, sera fait en double original, dont l'un sera annexé, comme il est dit au paragraphe qui précède, à la déclaration de souscription du capital et de versement du quart, et l'autre restera déposé au siège social.

2. Les actions ou coupons d'actions sont négociables après le versement du quart.

3. Il peut être stipulé, mais seulement par les statuts constitutifs de la société, que les actions ou coupons d'actions pourront, après avoir été libérés de moitié, être convertis en actions au porteur par délibération de l'assemblée générale.

Soit que les actions restent nominatives après cette délibération, soit qu'elles aient été converties en actions au porteur, les souscripteurs primitifs qui ont aliéné les actions et ceux auxquels ils les ont cédées avant le versement de moitié restent tenus au paiement du montant de leurs actions pendant un délai de deux ans, à partir de la délibération de l'assemblée générale.

4. Lorsqu'un associé fait un apport qui ne consiste pas en numéraire, on stipule à son profit des avantages particuliers, la première assemblée générale fait apprécier la valeur de l'apport ou la cause des avantages stipulés.

La société n'est définitivement constituée qu'après l'approbation de l'apport ou des avantages, donnée par une autre assemblée générale, après une nouvelle convocation.

La seconde assemblée générale ne pourra statuer sur l'approbation de l'apport ou des avantages qu'après un rapport qui sera imprimé et tenu à la disposition des actionnaires, cinq jours au moins avant la réunion de cette assemblée.

Les délibérations sont prises par la majorité des actionnaires présents. Cette majorité doit comprendre le quart des actionnaires et représenter le quart du capital social en numéraire.

Les associés qui ont fait l'apport ou stipulé des avantages particuliers soumis à l'appréciation de l'assemblée n'ont pas voix délibérative.

A défaut d'approbation, la société reste sans effet à l'égard de toutes les parties.

L'approbation ne fait pas obstacle à l'exercice ultérieur de l'action qui peut être intentée pour cause de dol ou de fraude. Les dispositions du présent article relatives à la vérification de l'apport qui ne consiste pas en numéraire ne sont pas applicables au cas où la société à laquelle est fait le dit apport est formée entre ceux seulement qui en étaient propriétaires par indivis.

5. Un conseil de surveillance, composé de trois actionnaires au moins, est établi dans chaque société en commandite par actions. Le conseil est nommé par l'assemblée générale des actionnaires, immédiatement après la constitution définitive de la société, et avant toute opération sociale. Il est soumis à la réélection aux époques et suivant les conditions déterminées par les statuts. Toutefois, le premier conseil n'est nommé que pour une année.

6. Le premier conseil doit, immédiatement après sa nomination, vérifier si toutes les dispositions contenues dans les articles qui précèdent ont été observées.

7. Est nulle et de nul effet à l'égard des intéressés toute société en commandite par actions constituée contrairement aux prescriptions des articles 1, 2, 3, 4 et 5 de la présente loi. Cette nullité ne peut être opposée aux tiers par les associés.

8. Lorsque la société est annulée, aux termes de l'article précédent, les membres du premier conseil de surveillance peuvent être déclarés responsables, avec le gérant, du dommage résultant, pour la société ou pour les tiers, de l'annulation de la société. La même responsabilité peut être prononcée contre ceux des associés dont les apports ou les avantages n'auraient pas été vérifiés et approuvés, conformément à l'article ci-dessus. (Art. 4.)

9. Les membres du conseil de surveillance n'encourent aucune responsabilité en raison des actes de la gestion et de leurs résultats. Chaque membre du conseil de surveillance est responsable de ses fautes personnelles, dans l'exécution de son mandat, conformément aux règles du droit commun.

10. Les membres du conseil de surveillance vérifient les livres, la caisse, le portefeuille et les valeurs de la société.

Ils font, chaque année, à l'assemblée générale, un rapport dans lequel ils doivent signaler les irrégularités et inexactitudes qu'ils ont reconnues dans les inventaires, et constater, s'il y a lieu, les motifs qui s'opposent aux distributions des dividendes proposés par le gérant.

Aucune répétition de dividendes ne peut être exercée contre les actionnaires, si ce n'est dans le cas où la distribution en aura été faite en l'absence de tout inventaire ou en dehors des résultats constatés par l'inventaire.

L'action en répétition, dans le cas où elle est ouverte, se prescrit par cinq ans, à partir du jour fixé pour la distribution des dividendes.

Les prescriptions commencées à l'époque de la promulgation de la présente loi, et pour lesquelles il faudrait encore, suivant les lois anciennes, plus de cinq ans, à partir de la même époque, seront accomplies par ce laps de temps.

11. Le conseil de surveillance peut convoquer l'assemblée générale et, conformément à son avis, provoquer la dissolution de la société.

12. Quinze jours au moins avant la réunion de l'assemblée générale, tout actionnaire peut prendre par lui ou par un fondé de pouvoir, au siège social, communication du bilan, des inventaires et du rapport du conseil de surveillance.

13. L'émission d'actions ou de coupons d'actions d'une société constituée contrairement aux prescriptions des articles 1er, 2 et 3 de la présente loi, est punie d'une amende de cinq cents à dix mille francs.

Sont punis de la même peine :

Le gérant qui commence les opérations sociales avant l'entrée en fonctions du conseil de surveillance;

Ceux qui, en se présentant comme propriétaires d'actions ou de coupons d'actions qui ne leur appartiennent pas, ont créé frauduleusement une majorité factice dans une assemblée générale, sans préjudice de tous dommages-intérêts, s'il y a lieu, envers la société ou envers les tiers;

Ceux qui ont remis les actions pour en faire l'usage frauduleux.

Dans les cas prévus par les deux paragraphes précédents, la peine de l'emprisonnement de quinze jours à six mois peut, en outre, être prononcée.

14. La négociation d'actions ou de coupons d'actions dont la valeur ou la forme serait contraire aux dispositions des articles 1er, 2 et 3 de la présente loi, ou pour lesquels le versement du quart n'aurait pas été effectué conformément à l'article 2 ci-dessus, est punie d'une amende de cinq cents à dix mille francs.

Sont punies de la même peine toute participation à ces négociations et toute publication de la valeur desdites actions.

15. Sont punis des peines portées par l'article 405 du Code pénal, sans préjudice de l'application de cet article à tous les faits constitutifs du délit d'escroquerie :

1° Ceux qui, par simulacre de souscriptions ou de versements ou par publication, faite de mauvaise foi, de souscriptions ou de versements qui n'existent pas, ou de tous autres faits faux, ont obtenu ou tenté d'obtenir des souscriptions ou des versements;

2° Ceux qui, pour provoquer des souscriptions ou des versements, ont, de mauvaise foi, publié les noms des personnes désignées, contrairement à la vérité, comme étant ou devant être attachées à la société à un titre quelconque;

3° Les gérants qui, en l'absence d'inventaires ou au moyen d'inventaires frauduleux, ont opéré entre les actionnaires la répartition des dividendes fictifs.

Les membres du conseil de surveillance ne sont pas civilement responsables des délits commis par le gérant.

16. L'article 463 du Code pénal est applicable aux faits prévus par les trois articles qui précèdent.

17. Des actionnaires représentant le vingtième au moins du capital social peuvent, dans un intérêt commun, charger, à leurs frais, un ou plusieurs mandataires de soutenir, tant en demandant qu'en défendant, une action contre les gérants ou contre les membres du conseil de surveillance, et les représenter, en ce cas, en justice, sans préjudice de l'action que chaque actionnaire peut intenter individuellement en son nom personnel.

18. Disposition transitoire, sans intérêt.

19. Id.

20. Id.

TITRE II

DES SOCIÉTÉS ANONYMES

21. A l'avenir, les sociétés anonymes pourront se former sans l'autorisation du gouvernement.

Elles pourront, quel que soit le nombre des associés, être formées par un acte sous seing privé fait en double original.

Elles seront soumises aux dispositions des articles 28, 30, 32, 33, 34 et 36 du Code de commerce et aux dispositions contenues dans le présent titre.

22. Les sociétés anonymes sont administrées par un ou plusieurs mandataires à temps, révocables, salariés ou gratuits, pris parmi les associés.

Ces mandataires peuvent choisir parmi eux un directeur, ou, si les statuts le permettent, se substituer un mandataire étranger à la société et dont ils sont responsables envers elle.

23. La société ne peut être constituée si le nombre des associés est inférieur à sept.

24. Les dispositions des articles 1er, 2, 3 et 4 de la présente loi sont applicables aux sociétés anonymes.

La déclaration imposée au gérant par l'article 1er est faite par les fondateurs de la société anonyme; elle est soumise, avec les pièces à l'appui, à la première assemblée générale, qui en vérifie la sincérité.

25. Une assemblée générale est, dans tous les cas, convoquée à la diligence des fondateurs, postérieurement à l'acte qui constate la souscription du capital social et le versement du quart du capital, qui consiste en numéraire. Cette assemblée nomme les premiers administrateurs; elle nomme également, pour la première année, les commissaires institués par l'article 32 ci-après.

Ces administrateurs ne peuvent être nommés pour plus de six ans : ils sont rééligibles, sauf stipulation contraire.

Toutefois, ils peuvent être désignés par les statuts, avec stipulation formelle que leur nomination ne sera point soumise à l'approbation de l'assemblée générale. En ce cas, ils ne peuvent être nommés pour plus de trois ans.

Le procès-verbal de la séance constate l'acceptation des administrateurs et des commissaires présents à la réunion.

La société est constituée à partir de cette acceptation.

26. Les administrateurs doivent être propriétaires d'un nombre d'actions déterminé par les statuts.

Ces actions sont affectées en totalité à la garantie de tous les actes de la gestion, même de ceux qui seraient exclusivement personnels à l'un des administrateurs.

Elles sont nominatives, inaliénables, frappées d'un timbre indiquant l'inaliénabilité et déposées dans la caisse sociale.

27. Il est tenu, chaque année au moins, une assemblée générale à l'époque fixée par les statuts. Les statuts déterminent le nombre d'actions qu'il est nécessaire de posséder, soit à titre de propriétaire, soit à titre de mandataire, pour être admis dans l'assemblée, et le nombre de voix appartenant à chaque actionnaire, eu égard au nombre d'actions dont il est porteur.

Néanmoins dans les assemblées générales appelées à vérifier les apports, à nommer les premiers administrateurs et à vérifier la sincérité de la déclaration des fondateurs de la société, prescrite par le deuxième paragraphe de l'article 24, tout actionnaire, quel que soit le nombre des actions dont il est porteur, peut prendre part aux délibérations avec le nombre de voix déterminé par les statuts, sans qu'il puisse être supérieur à dix.

28. Dans toutes les assemblées générales, les délibérations sont prises à la majorité des voix.

Il est tenu une feuille de présence, elle contient les noms et domiciles des actionnaires et le nombre d'actions dont chacun est porteur.

Cette feuille, certifiée par le bureau de l'assemblée, est déposée au siège et doit être communiquée à tout requérant.

29. Les assemblées générales qui ont à délibérer dans les cas autres que ceux qui sont prévus par les deux articles qui suivent, doivent être composées d'un nombre d'actionnaires représentant le quart au moins du capital social.

Si l'assemblée générale ne réunit pas ce nombre, une nouvelle assemblée est convoquée dans les formes et avec les détails prescrits par les statuts, et elle délibère valablement, quelle que soit la portion du capital représenté par les actionnaires présents.

30. Les assemblées qui ont à délibérer sur la vérification des apports, sur la nomination des premiers administrateurs, sur la sincérité de la déclaration faite par les fondateurs, aux termes du paragraphe 2 de l'article 24, doivent être composées d'un nombre d'actionnaires représentant la moitié au moins du capital social.

Le capital social, dont la moitié doit être représentée pour la vérification de l'apport, se compose seulement des apports non soumis à vérification.

Si l'assemblée générale ne réunit pas un nombre d'actionnaires représentant la moitié du capital social, elle ne peut prendre qu'une délibération provisoire. Dans ce cas, une nouvelle assemblée générale est convoquée. Deux avis, publiés à huit jours d'intervalle, au moins un mois à l'avance, dans l'un des journaux désignés pour recevoir les annonces légales, font connaître aux actionnaires les résolutions provisoires adoptées par la première assemblée, et ces résolutions deviennent définitives si elles sont approuvées par la nouvelle assemblée, composée d'un nombre d'actionnaires représentant le cinquième au moins du capital social.

31. Les assemblées qui ont à délibérer sur des modifications aux statuts ou sur des propositions de continuation de la société au delà du terme fixé pour sa durée, ou de dissolution avant ce terme, ne sont régulièrement constituées et ne délibèrent valablement qu'autant qu'elles sont composées d'un nombre d'actionnaires représentant la moitié au moins du capital social.

32. L'assemblée générale annuelle désigne un ou plusieurs commissaires, associés ou non, chargés de faire un rapport à l'assemblée générale de l'année suivante sur la situation de la société, sur le bilan et sur les comptes présentés par les administrateurs.

La délibération contenant approbation du bilan et des comptes est nulle, si elle n'a été précédée du rapport des commissaires.

A défaut de nomination de commissaires par l'assemblée générale, ou en cas d'empêchement ou de refus d'un ou de plusieurs des commissaires nommés, il est procédé à leur nomination ou à leur remplacement par ordonnance du président du tribunal de commerce du siège de la société, à la requête de tout intéressé, les administrateurs dûment appelés.

33. Pendant le trimestre qui précède l'époque fixée par les statuts pour la réunion de l'assemblée générale, les commissaires ont droit, toutes les fois qu'ils le jugent convenable dans l'intérêt social, de prendre communication des livres et d'examiner les opérations de la société.

Ils peuvent toujours, en cas d'urgence, convoquer l'assemblée générale.

34. Toute société anonyme doit dresser, chaque semestre, un état sommaire de sa situation active et passive.

Cet état est mis à la disposition des commissaires.

Il est, en outre, établi chaque année, conformément à l'article 9 du Code de commerce, un inventaire contenant l'indication des valeurs mobilières et immobilières et de toutes les dettes actives et passives de la société.

L'inventaire, le bilan et le compte des profits et pertes sont mis à la disposition des commissaires le quarantième jour au plus tard, avant l'assemblée générale. Ils sont présentés à cette assemblée.

35. Quinze jours au moins avant la réunion de l'assemblée générale, tout actionnaire peut prendre, au siège social, communication de l'inventaire et de la liste des actionnaires, et se faire délivrer copie du bilan résumant l'inventaire et du rapport des commissaires.

36. Il est fait annuellement, sur les bénéfices nets, un prélèvement d'un vingtième au moins affecté à la formation d'un fonds de réserve.

Ce prélèvement cesse d'être obligatoire lorsque le fonds de réserve a atteint le dixième du capital social.

37. En cas de perte des trois quarts du capital social, les administrateurs sont tenus de provoquer la réunion de l'assemblée générale de tous les actionnaires, à l'effet de statuer sur la question de savoir s'il y a lieu de prononcer la dissolution de la société.

La résolution de l'assemblée est, dans tous les cas, rendue publique.

A défaut par les administrateurs de réunir l'assemblée générale, comme dans le cas où cette assemblée n'aurait pu se constituer régulièrement, tout intéressé peut demander la dissolution de la société devant les tribunaux.

38. La dissolution peut être prononcée sur la demande de toute partie intéressée, lorsqu'un an s'est écoulé depuis l'époque où le nombre des associés est réduit à moins de sept.

39. L'article 17 est applicable aux sociétés anonymes.

40. Il est interdit aux administrateurs de prendre ou de conserver un intérêt direct ou indirect dans une entreprise ou dans un marché fait avec la société ou pour son compte, à moins qu'ils n'y soient autorisés par l'assemblée générale.

Il est, chaque année, rendu à l'assemblée générale un compte spécial de l'exécution des marchés ou entreprises par elle autorisés, aux termes du paragraphe précédent.

41. Est nulle et de nul effet à l'égard des intéressés toute société anonyme pour laquelle n'ont pas été observées les dispositions des articles 22, 23, 24 et 25 ci-dessus.

42. Lorsque la nullité de la société ou des actes et délibérations a été prononcée aux termes de l'article précédent, les fondateurs auxquels la nullité est imputable et les administrateurs en fonctions au moment où elle a été encourue, sont responsables solidairement envers les tiers, sans préjudice des droits des actionnaires'

La même responsabilité solidaire peut être prononcée contre ceux des associés dont les apports ou les avantages n'auraient pas été vérifiés et approuvés conformément à l'article 24.

43. L'étendue et les effets de la responsabilité des commissaires envers la société sont déterminés d'après les règles générales du mandat.

44. Les administrateurs sont responsables, conformément aux règles du droit commun, individuellement ou solidairement suivant les cas, envers la société ou envers les tiers, soit des infractions aux dispositions de la présente loi, soit des fautes qu'ils auraient commises dans leur gestion, notamment en distribuant ou en laissant distribuer sans opposition des dividendes fictifs.

45. Les dispositions des articles 13, 14, 15 et 16 de la présente loi sont applicables en matière de sociétés anonymes, sans distinction entre celles qui sont actuellement existantes et celles qui se constitueront sous l'empire de la présente loi. Les administrateurs qui, en l'absence d'inventaire ou au moyen d'inventaires frauduleux, auront opéré des dividendes fictifs, seront punis de la peine qui est prononcée dans ce cas par le n° 3 de l'article 15 contre les gérants des sociétés en commandite.

Sont également applicables en matière de sociétés anonymes les dispositions des trois derniers paragraphes de l'article 10.

46. Disposition transitoire sans intérêt.

47. Idem.

TITRE III

DISPOSITIONS PARTICULIÈRES AUX SOCIÉTÉS A CAPITAL VARIABLE

48. Il peut être stipulé, dans les statuts de toute société, que le capital social sera susceptible d'augmentation par des versements successifs faits par les associés ou l'admission d'associés nouveaux, et de diminution par la reprise totale ou partielle des apports effectués.

Les sociétés dont les statuts contiendront la stipulation ci-dessus seront soumises, indépendamment des règles générales qui leur sont propres suivant leur forme spéciale, aux dispositions des articles suivants.

49. Le capital social ne pourra être porté par les statuts constitutifs de la société au-dessus de la somme de deux cent mille francs.

Il pourra être augmenté par des délibérations de l'assemblée générale, prises d'année en année ; chacune des augmentations ne pourra être supérieure à deux cent mille francs.

50. Les actions ou coupons d'actions seront nominatifs, même après leur entière libération ; ils ne pourront être inférieurs à cinquante francs.

Ils ne seront négociables qu'après la constitution définitive de la Société.

La négociation ne pourra avoir lieu que par voie de transfert sur les registres de la société, et les statuts pourront donner, soit au conseil d'administration, soit à l'assemblée générale, le droit de s'opposer au transfert.

51. Les statuts détermineront une somme au-dessous de laquelle le capital ne pourra être réduit par les reprises des apports autorisées par l'article 48.

Cette somme ne pourra être inférieure au dixième du capital social.

La société ne sera définitivement constituée qu'après le versement du dixième.

52. Chaque associé pourra se retirer de la société lorsqu'il le jugera convenable, à moins de conventions contraires et sauf l'application du paragraphe premier de l'article précédent.

Il pourra être stipulé que l'assemblée générale aura le droit de décider, à la majorité fixée pour la modification des statuts, que l'un ou plusieurs des associés cesseront de faire partie de la société.

L'associé qui cessera de faire partie de la société, soit par l'effet de sa volonté, soit par suite de décision de l'assemblée générale, restera tenu, pendant cinq ans, envers les associés et envers les tiers, de toutes les obligations existant au moment de sa retraite.

53. La société, quelle que soit sa forme, sera valablement représentée en justice par ses administrateurs.

54. La société ne sera point dissoute par la mort, la retraite, l'interdiction, la faillite ou la déconfiture de l'un des associés ; elle continuera de plein droit entre les autres associés.

TITRE IV

DISPOSITIONS RELATIVES A LA PUBLICATION DES ACTES DE SOCIÉTÉ

55. Dans le mois de la constitution de toute société commerciale, un double de l'acte constitutif, s'il est sous seing privé, ou une expédition, s'il est notarié, est déposé aux greffes de la justice de paix et du tribunal de commerce du lieu dans lequel est établie la société.

A l'acte constitutif des sociétés en commandite par actions et des sociétés anonymes sont annexées : 1° une expédition de l'acte notarié constatant la souscription du capital social et le versement du quart ; 2° une copie certifiée des délibérations prises par l'assemblée générale dans les cas prévus par les articles 4 et 24.

En outre, lorsque la société est anonyme, on doit annexer à l'actif constitutif la liste nominative, dûment certifiée, des souscripteurs, contenant les nom, prénoms, qualité, demeure et le nombre d'actions de chacun d'eux.

56. Dans le même délai d'un mois, un extrait de l'acte constitutif et des pièces annexées est publié dans l'un des journaux désignés pour recevoir les annonces légales.

Il sera justifié de l'insertion par un exemplaire du journal certifié par l'imprimeur, légalisé par le maire et enregistré dans les trois mois de sa date.

Les formalités prescrites par l'article précédent et par le présent article seront observées, à peine de nullité, à l'égard des intéressés ; mais le défaut d'aucune d'elles ne pourra être opposé aux tiers par les associés.

57. L'extrait doit contenir le nom des associés autres que les

actionnaires ou commanditaires ; la raison de commerce ou la dénomination adoptée par la société et l'indication du siège social ; la désignation des associés autorisés à gérer, administrer et signer pour la société ; le montant du capital social et le montant des valeurs fournies ou à fournir par les actionnaires ou commanditaires ; l'époque où la société commence, celle où elle doit finir, et la date du dépôt fait aux greffes de la justice de paix et du tribunal de commerce.

58. L'extrait doit énoncer que la société est en nom collectif ou en commandite simple, ou en commandite par actions, ou anonyme, ou à capital variable.

Si la société est anonyme, l'extrait doit énoncer le montant du capital social en numéraire et en autres objets, la quotité à prélever sur les bénéfices pour composer le fonds de réserve.

Enfin, si la société est à capital variable, l'extrait doit contenir l'indication de la somme au-dessous de laquelle le capital social ne peut être réduit.

59. Si la société a plusieurs maisons de commerce situées dans divers arrondissements, le dépôt prescrit par l'article 55 et la publication prescrite par l'article 56 ont lieu dans chacun des arrondissements où existent les maisons de commerce.

Dans les villes divisées en plusieurs arrondissements, le dépôt sera fait seulement au greffe de la justice de paix du principal établissement.

60. L'extrait des actes et pièces déposés est signé, pour les actes publics, par le notaire, et, pour les actes sous seing privé, par les associés en nom collectif, par les gérants des sociétés en commandite ou par les administrateurs des sociétés anonymes.

61. Sont soumis aux formalités et aux pénalités prescrites par les articles 55 et 56 :

Tous actes et délibérations ayant pour objet la modification des statuts, la continuation de la société au delà du terme fixé pour sa durée, la dissolution avant ce terme et le mode de liquidation, tout changement ou retraite d'associés et tout changement à la raison sociale.

Sont également soumises aux dispositions des articles 55 et 56 les délibérations prises dans les cas prévus par les articles 19, 37, 46, 47 et 49 ci-dessus.

62. Ne sont pas assujettis aux formalités de dépôt et de publication les actes constatant les augmentations ou les diminutions du capital social opérées dans les termes de l'articles 48, ou les retraites d'associés, autres que les gérants ou administrateurs, qui auraient lieu conformément à l'article 22.

63. Lorsqu'il s'agit d'une société en commandite par actions ou d'une société anonyme, toute personne a le droit de prendre communication des pièces déposées aux greffes de la justice de paix et du tribunal de commerce, ou même de s'en faire délivrer à ses frais expédition ou extrait par le greffier ou par le notaire détenteur de la minute.

Toute personne peut également exiger qu'il y soit délivré au siège de la société une copie certifiée des statuts, moyennant paiement d'une somme qui ne pourra excéder un franc.

Enfin, les pièces déposées doivent être affichées d'une manière apparente dans les bureaux de la société.

64. Dans tous les actes, factures, annonces, publications et autres documents *imprimés* ou *autographiés*, émanés des sociétés anonymes ou sociétés en commandite par actions, la dénomination sociale doit toujours être précédée ou suivie immédiatement de ces mots, écrits lisiblement en toutes lettres : *Société anonyme* ou *Société en commandite par actions*, et de l'énonciation du montant du capital social.

Si la société a usé de la faculté accordée par l'article 48, cette circonstance doit être mentionnée par l'addition de ces mots : *à capital variable.*

Toute contravention aux dispositions qui précèdent est punie d'une amende de cinquante francs à mille francs.

65. Sont abrogées les dispositions des articles 42, 43, 44, 45 et 46 du Code de commerce.

III.

Loi (1er-3 août 1893) portant modification à la loi du 24 juillet 1867.

ARTICLE 1er. — Les paragraphes 1 et 2 de l'article 1er de la loi du 24 juillet 1867 sont modifiés comme suit :

« § 1er. — Les sociétés en commandite ne peuvent diviser leur capital en actions ou coupures d'actions de moins de 25 fr. lorsque le capital n'excède pas 200,000 fr., de moins de 100 fr. lorsque le capital est supérieur à 200,000 fr.

« § 2. — Elles ne peuvent être définitivement constituées qu'après la souscription de la totalité du capital et le versement en espèces, pour chaque actionnaire, du montant des actions ou coupures d'actions souscrites par lui, lorsqu'elles n'excèdent pas 25 fr., et du quart au moins des actions lorsqu'elles sont de 100 fr. et au-dessus. »

2. — L'article 3 est modifié comme suit :

« ART. 3. — Les actions sont nominatives jusqu'à leur entière libération.

« Les actions représentant des apports devront toujours être intégralement libérées au moment de la constitution de la Société.

« Ces actions ne peuvent être détachées de la souche et ne sont négociables que deux ans après la constitution définitive de la société.

« Pendant ce temps, elles devront, à la diligence des administrateurs, être frappées d'un timbre indiquant leur nature et la date de cette constitution.

« Les titulaires, les cessionnaires intermédiaires et les souscripteurs sont tenus solidairement du montant de l'action.

« Tout souscripteur ou actionnaire qui a cédé son titre cesse, deux ans après la cession, d'être responsable des versements non encore appelés. »

3. — A l'article 8 sont ajoutées les dispositions suivantes :

« L'action en nullité de la société ou des actes et délibérations postérieurs à sa constitution n'est plus recevable lorsque, avant l'introduction de la demande, la cause de nullité a cessé d'exister. L'action en responsabilité, pour les faits dont la nullité résultait, cesse également d'être recevable lorsque, avant l'introduction de la demande, la cause de nullité a cessé d'exister, et en outre que trois ans se sont écoulés depuis le jour où la nullité était encourue.

« Si, pour couvrir la nullité, une assemblée générale devait être convoquée, l'action en nullité ne sera plus recevable à partir de la date de la convocation régulière de cette assemblée.

« Ces actions en nullité contre les actes constitutifs des sociétés sont prescrites par dix ans.

« Cette prescription ne pourra, toutefois, être opposée avant l'expiration des dix années qui suivront la promulgation de la présente loi. »

4. — Au paragraphe 1er de l'article 27 est ajouté ce qui suit :

« Tous propriétaires d'un nombre d'actions inférieur à celui déterminé pour être admis dans l'assemblée pourront se réunir pour former le nombre nécessaire et se faire représenter par l'un d'eux. »

5. — Dans le paragraphe 1er de l'acticle 42, aux mots : « responsables solidairement envers les tiers sans préjudice du droit des actionnaires, » sont substitués les termes suivants : « responsables solidairement envers les tiers et les actionnaires du dommage résultant de cette annulation. »

Au même article est ajouté le paragraphe suivant :

« L'action en nullité et celle en responsabilité en résultant sont soumises aux dispositions de l'article 8 ci-dessus. »

6. — Sont ajoutées à la loi les dispositions suivantes :

Dispositions diverses.

Art. 68. — Quel que soit leur objet, les sociétés en commandite ou anonymes qui seront constituées dans les formes du Code de commerce ou de la présente loi seront commerciales et soumises aux lois et usages du commerce.

Art. 69. — Il pourra être consenti hypothèque au nom de toute société commerciale en vertu des pouvoirs résultant de son acte de formation même sous seing privé, ou des délibérations ou autorisations constatées dans les formes réglées par ledit acte. L'acte d'hypothèque sera passé en forme authentique, conformément à l'article 2128 C. civ.

Art. 70. — Dans le cas où les sociétés ont continué à payer les intérêts ou dividendes des actions, obligations ou tous autres titres remboursables par suite d'un tirage au sort, elles ne peuvent répéter ces sommes lorsque le titre est présenté au remboursement.

Art. 71. — Dans l'article 50, § 1er, sont supprimés les mots : « Ils ne pourront être inférieurs à 50 fr. »

Dispositions transitoires.

Art. 7. — Pour les sociétés par actions en commandite ou anonymes déjà existantes, sans distinctions entre celles antérieures à la loi du 24 juillet 1867 et celles postérieures, il n'est pas dérogé à la faculté qu'elles peuvent avoir de convertir leurs actions en titres au porteur avant délibération intégrale.

Quant aux actions nominatives des mêmes sociétés, les deux ans après lesquels tout souscripteur ou actionnaire qui a cédé son titre cesse d'être responsable des versements non appelés ne courront, à l'égard des créanciers antérieurs à la présente loi, qu'à partir de l'entrée en vigueur de la loi, et sauf application de l'article 2257 C. civ. pour les créances conditionnelles ou à terme et les actions en garantie.

Les dispositions de l'article 8 et celle de l'article 42 s'appliquent aux sociétés déjà constituées sous l'empire de la loi du 24 juillet 1867.

Dans les mêmes sociétés, l'action en nullité résultant des articles 7 et 41 ne sera plus recevable si les causes de nullité ont cessé d'exister au moment de la présente loi.

En tous cas, l'action en responsabilité pour les faits dont la nullité résultait ne cessera d'être recevable que trois ans après la présente loi.

Les sociétés civiles actuellement constituées sous d'autres formes pourront, si leurs statuts ne s'y opposent pas, se transformer en sociétés en commandite ou en sociétés anonymes par décision d'une assemblée générale spécialement convoquée et réunissant les conditions tant de l'acte social que de l'article 31 ci-dessus.

IV.

Législation fiscale.

1° *Enregistrement de l'acte de société.*

ART. 22, loi du 22 frimaire an VII. — Les actes qui, à l'avenir, seront faits sous signature privée, et qui porteront transmission de propriété ou d'usufruit de biens immeubles, et les baux à ferme ou à loyer, sous-baux, cessions et subrogation de baux, et les engagements, aussi sous signature privée, de biens de même nature, seront enregistrés dans les trois mois de lour date.

2° *Droits sur les apports en société.*

ART. 68, loi du 22 frimaire an VII. — Les actes compris sous cet article seront enregistrés et les droits payés ainsi qu'il suit, savoir : .... Actes sujets à un droit fixe de 3 fr..... Les actes de société qui ne portent ni obligation, ni libération, ni transmission de biens meubles ou immeubles entre les associés ou autres personnes.

ART. 45, loi du 28 avril 1816. – Seront sujets au droit fixe de 5 fr..... les actes de formation ou de dissolution de société, actuellement soumis au droit fixe de 3 fr.

ARTICLE PREMIER, loi du 28 février 1872. — La quotité du droit fixe d'enregistrement auquel sont assujettis par la loi du 22 frimaire an VII et par les lois subséquentes les actes ci-après, sera déterminée ainsi qu'il suit, savoir :

1° Les actes de formation ou de prorogation de société qui ne contiennent ni obligation, ni libération, ni transmission de biens meubles ou immeubles, entre les associés ou autres personnes, par le montant total des apports mobiliers ou immobiliers, déduction faite du passif.

Art. 2, même loi. — Le taux du droit établi par l'article précédent est fixé ainsi qu'il suit : — A 5 fr. pour les sommes ou valeurs de 5,000 fr. et au-dessous, et pour les actes ne contenant aucune énonciation de sommes et valeurs, ni dispositions susceptibles d'évaluation. — A 10 fr. pour les sommes ou valeurs supérieures à 5,000 fr. et n'excédant pas 10,000 fr. — A 20 fr. pour les sommes ou valeurs supérieures à 10,000 fr., mais n'excédant pas 20,000 fr. — Et ensuite, à raison de 20 fr. par chaque somme ou valeur de 20,000 fr. ou fraction de 20,000 fr. — Si les sommes ou valeurs ne sont pas déterminées dans l'acte, il y sera suppléé, conformément à l'article 16 de la loi du 22 frimaire an VII.

Art. 16, loi du 12 frimaire an VII. — Si les sommes et valeurs ne sont pas déterminées dans un acte.... donnant lieu au droit proportionnel, les parties sont tenues d'y suppléer, avant l'enregistrement, par une déclaration estimative, certifiée et signée au pied de l'acte.

Art. 19, loi du 29 avril 1893 (modifiant les articles 1 et 2 de la loi du 28 février 1872). — Sont soumis au droit proportionnel les actes désignés dans l'article premier de la loi du 28 février 1872. — Le droit sera liquidé sur les sommes ou valeurs actuellement passibles du droit fixe gradué.

La quotité est fixée à 15 centimes % pour les partages et à 20 centimes % pour les autres actes. (Formation et prorogation de sociétés.)

3° Droits de transcription hypothécaire.

Article premier, loi du 23 mars 1855. — Sont transcrits au bureau des hypothèques de la situation des biens :

1° Tout acte entre-vifs translatif de propriété immobilière ou de droits réels susceptibles d'hypothèques.

Art. 25, loi du 21 ventôse an VII. Le droit sur la transcription des actes emportant mutation de propriétés immobilières sera de 1 1/2 % du prix intégral desdites mutations, suivant qu'il aura été réglé à l'enregistrement.

Art. 54, loi du 28 avril 1816. — Dans tous les cas où les actes seront de nature à être transcrits au bureau des hypothèques, ce droit (le droit d'enregistrement) sera augmenté de 1 1/2 %, et la transcription ne donnera plus lieu à aucun droit proportionnel.

4° *Droits de transfert des titres nominatifs ou actions nominatives.*

ART. 7, loi du 23 juin 1857. — Le droit pour les titres nominatifs, dont la transmission ne peut s'opérer que par un transfert sur les registres de la Société, est perçu, au moment du transfert, pour le compte du Trésor, par les sociétés, compagnies et entreprises, qui en sont constituées débitrices par le fait du transfert.

ART. 6, même loi. — Indépendamment des droits établis par le titre II de la loi du 5 juin 1850, toute cession de titres ou promesses d'actions et d'obligations dans une société, compagnie ou entreprise quelconque, financière, industrielle, commerciale ou civile, quelle que soit la date de sa création, est assujettie, à partir du 1er juillet 1857, à un droit de transmission de 20 centimes pour 100 fr. de la valeur négociée.

ART. 11, loi du 16 septembre 1871. — A partir du 15 octobre 1871, le droit de 20 centimes pour 100 fr. de la valeur négociée, sur les titres nominatifs.... établi par l'article 6 de la loi du 5 juin 1857.... est élevé à 50 centimes.

ART. 3, loi du 29 juin 1872. — Voir ci-après le texte de cet article.

5° *Droits de transmission des titres ou actions au porteur.*

ART. 6, loi du 23 juin 1857. — Le droit, pour les titres au porteur, et pour ceux dont la transmission peut s'opérer sans un transfert sur les registres de la société, est converti en une taxe annuelle et obligatoire de 12 centimes par 100 francs du capital desdites actions et obligations évalué par leur cours moyen pendant l'année précédente, et, à défaut de cours dans cette année, conformément aux règles établies par les lois sur l'enregistrement.

ART. 7, même loi. — Le droit sur les titres mentionnés en l'article précédent (titres au porteur) est payable par trimestre, et avancé par les sociétés, compagnies et entreprises, sauf recours contre les porteurs desdits titres. — A la fin de chaque trimestre, lesdites sociétés sont tenues de remettre au receveur de l'enregistrement du siège social le relevé des transferts et des conversions (1), ainsi que l'état des actions ou obligations soumises à la taxe annuelle.

ARTICLE PREMIER, loi du 30 mars 1872. — A dater du 1er août 1872, le droit de transmission.... sur les titres au porteur de toute

---

(1) Il s'agit des titres nominatifs convertis en titres au porteur.

nature.... est fixé à 25 centimes annuellement.... Ce droit, ainsi que celui de 50 centimes sur la transmission des titres nominatifs.... seront perçus, à l'avenir, sur la valeur négociée, déduction faite des versements restant à faire sur les titres non entièrement libérés.

Art. 3, loi du 29 juin 1872. — ....

A partir de la promulgation de la présente loi, le taux des droits et taux établis par la loi du 23 juin 1857 et par celles des 16 septembre 1871 et 30 mars 1872 est réduit ainsi qu'il suit, savoir :

A 50 centimes par 100 francs pour la transmission ou la conversion des titres nominatifs ;

A 20 centimes par 100 francs pour la taxe à laquelle sont assujettis les titres au porteur.

Les droits et taxes ne sont pas soumis aux décimes.

6° *Droits de timbre sur les titres.*

Art. 14, loi du 5 juin 1850. — Chaque titre ou certificat d'action, dans une société, compagnie ou entreprise quelconque, financière, commerciale, industrielle ou civile, que l'action soit d'une somme fixe ou d'une quotité, qu'elle soit libérée ou non libérée, émise à partir du 1er janvier 1851, sera assujetti au timbre proportionnel de 50 centimes par 100 francs du capital nominal pour les sociétés, compagnies ou entreprises dont la durée n'excédera pas dix ans, et de 1 % pour celles dont la durée excédera dix années. — A défaut de capital nominal, le droit se calculera sur le capital réel, dont la valeur sera déterminée d'après les règles établies par les lois sur l'enregistrement. — L'avance sera faite par la société, quels que soient ses statuts. — La perception de ce droit proportionnel suivra les sommes et valeurs de 20 francs en 20 francs inclusivement et sans fractions.

Art. 22, même loi. — Les sociétés, compagnies ou entreprises pourront s'affranchir des obligations imposées par l'article 14 en contractant avec l'État un abonnement pour toute la durée de la société. — Le droit sera annuel et de 5 centimes par 100 francs du capital nominal de chaque action émise ; à défaut de capital nominal, il sera de 5 centimes par 100 francs du capital réel, dont la valeur devra être déterminée conformément au deuxième paragraphe de l'article 14. — Le paiement du droit sera fait, à la fin de chaque trimestre, au bureau d'enregistrement du lieu où se trouvera le siège de la société, de la compagnie ou de l'entreprise.

Art. 24, même loi. — Seront dispensées du droit les sociétés, compagnies ou entreprises abonnées qui, depuis leur abonnement, se seront mises ou auront été mises en liquidation. — Celles qui, postérieurement à leur abonnement, n'auront, dans les deux dernières années, payé ni dividendes ni intérêts, seront aussi dispensées du droit, tant qu'il n'y aura pas de distribution de dividendes ou de paiement d'intérêts.

7° Impôt sur le revenu.

ARTICLE PREMIER, loi du 29 juin 1872. — Indépendamment des droits de timbre et de transmission établis par les lois existantes, il est établi, à partir du 1er juillet 1872, une taxe annuelle et obligatoire : 1° sur les intérêts, dividendes, revenus et tous autres produits des actions de toute nature des sociétés, compagnies et entreprises quelconques financières, industrielles, commerciales ou civiles, quelle que soit l'époque de leur création; 2° sur les arrérages et intérêts annuels des emprunts et obligations des départements, communes et établissements publics, ainsi que des sociétés, compagnies et entreprises ci-dessus désignées; 3° sur les intérêts, produits et bénéfices annuels des parts d'intérêts et commandites dans les sociétés, compagnies et entreprises dont le capital n'est pas divisé en actions.

ART. 2, même loi. — Le revenu est déterminé :

1° Pour les actions, par le dividende fixé d'après les délibérations des assemblées générales d'actionnaires ou des conseils d'administration, les comptes rendus ou tous autres documents analogues;

2° Pour les obligations ou emprunts, par l'intérêt ou le revenu distribué dans l'année;

3° Pour les parts d'intérêts et commandites, soit par les délibérations des conseils d'administration des intéressés, soit, à défaut de délibération, par l'évaluation à raison de 5 °/₀ du montant du capital social et de la commandite, ou du prix moyen des cessions de parts d'intérêts consenties pendant l'année précédente.

Les comptes rendus et les extraits des délibérations des conseils d'administration ou des actionnaires seront déposés, dans les vingt jours de leur date, au bureau de l'enregistrement du siège social.

ART. 3, même loi. — La quotité de la taxe établie par la présente loi est fixée à 3 °/₀ du revenu des valeurs spécifiées en l'article 1er.

ART. 4, loi du 26 décembre 1890. — A partir du 1er janvier 1891, la taxe de 3 °/₀ établie sur le revenu des valeurs mobilières par les lois du 29 juin 1872, du 21 juin 1875, du 28 décembre 1880 et du 29 décembre 1884, est fixée à 4 /₀.

ARTICLE 1er, loi du 1er décembre 1875. — Les dispositions de l'article 1er, § 3, de la loi du 22 juin 1872 ne sont pas applicables aux parts d'intérêts dans les sociétés commerciales en nom collectif, et elles ne s'appliquent, dans les sociétés en commandite dont le capital n'est pas divisé par actions, qu'au montant de la commandite.

ART. 2, même loi. — La même exception s'applique aux parts d'intérêts dans les sociétés de toute nature, dites de *coopération*, formées exclusivement entre des ouvriers ou artisans au moyen de leurs cotisations périodiques.

ART. 3, loi du 28 décembre 1880. — L'impôt établi par la loi du 29 juin 1872 sur les produits et bénéfices annuels des actions, parts d'intérêts et commandites sera payé par toutes les sociétés dans lesquelles les produits ne doivent pas être distribués en tout ou en partie entre leurs membres.

ART. 9, loi du 28 décembre 1884. — Les impôts établis par les articles 3 et 4 de la loi du 28 décembre 1880 seront payés par toutes les congrégations, communautés et associations religieuses, autorisées ou non autorisées, et par toutes les sociétés ou associations, désignées dans cette loi, dont l'objet n'est pas de distribuer en tout ou en partie leurs produits entre leurs membres. — Le revenu est déterminé à raison de 5 % de la valeur brute des biens meubles et immeubles possédés ou occupés par les sociétés, à moins qu'un revenu supérieur ne soit constaté, et la taxe est acquittée sur la remise d'une déclaration détaillée faisant connaître distinctement la consistance et la valeur de ces biens. — Les sociétés sont assujetties aux vérifications autorisées par l'article 7 de la loi du 21 juin 1875.

ARTICLE 1er, décret du 6 décembre 1872. — La taxe de 3 % (aujourd'hui 4 %) établie par la loi du 29 juin 1872 est avancée par les sociétés, compagnies, entreprises, départements, communes et établissements publics, et payée au bureau de l'enregistrement du siège social ou administratif désigné à cet effet, savoir :

1° Pour les obligations, emprunts et autres valeurs dont le revenu est fixé et déterminé à l'avance, en quatre termes égaux d'après les produits annuels afférents à ces valeurs.

2° Pour les actions, parts d'intérêts, commandites et emprunts à revenu variable, en quatre termes égaux déterminés provisoirement d'après le résultat du dernier exercice, réglé et calculé sur les quatre cinquièmes du revenu, s'il en a été distribué, et, en ce qui concerne les sociétés nouvellement créées, sur le produit évalué à 5 % du capital social.

Chaque année, après la clôture des écritures relatives à l'exercice, il est procédé à une liquidation définitive de la taxe due pour l'exercice entier. Si de cette liquidation il résulte un complément de taxe au profit du trésor, il est immédiatement acquitté. Dans le cas contraire, l'excédent versé est imputé sur l'exercice courant, ou remboursé si la société est arrivée à son terme ou si elle cesse de donner des revenus.

Art. 2, même décret. — Les paiements à faire en quatre termes doivent être effectués dans les vingt premiers jours des mois de janvier, avril, juillet et octobre de chaque année.

La liquidation définitive a lieu au moment du dépôt prescrit par l'article 2 de la loi du 29 juin 1872, des comptes rendus et extraits des délibérations des assemblées générales d'actionnaires ou des conseils d'administration, ou de tous autres documents analogues fixant le dividende distribué.

Cette liquidation doit être établie dans les vingt premiers jours du mois de mai pour les sociétés auxquelles leurs statuts n'imposent pas l'obligation de prendre des délibérations sur cet objet. Dans ce cas, la liquidation définitive est opérée à raison de 5 %/₀ du prix moyen des cessions de parts d'intérêts consenties pendant l'année précédente et dûment enregistrées, et, à défaut de cessions, d'après l'évaluation à 5 %/₀ du montant du capital social ou de la commandite.

8° *Taxe de mainmorte.*

Article premier, loi du 20 février 1849. — Il sera établi, à partir du 1ᵉʳ janvier 1849, sur les biens immeubles passibles de la contribution foncière appartenant aux départements, communes, hospices, séminaires, fabriques, congrégations religieuses, consistoires, établissements de charité, bureaux de bienfaisance, *sociétés anonymes* et tous établissements publics légalement autorisés, une taxe annuelle représentative des droits de transmission entre-vifs et par décès. Cette taxe sera calculée à raison de 62 centimes et demi par franc de la contribution foncière.

Art. 2, même loi. — Les formes prescrites pour l'assiette et le recouvrement de la contribution foncière seront suivies pour l'établissement et la perception de la nouvelle taxe.

Art. 5, loi du 30 mars 1872. — A partir du 1ᵉʳ janvier 1873, la taxe annuelle représentative des droits de transmission entre-vifs et par décès, fixée par l'article 1ᵉʳ de la loi du 20 février 1849, est élevée à 70 centimes par franc du principal de la contribution foncière. — Cette taxe sera, en outre, soumise, à l'avenir, aux décimes auxquels sont assujettis les droits d'enregistrement.

9° *Patentes.*

Lois du 15 juillet 1880 et du 21 avril 1893, tableau D. — Les chefs d'institution et maîtres de pension paient également le droit proportionnel au taux du 15ᵉ (de la valeur locative), sans droit fixe ; mais les locaux affectés au logement et à l'instruction des élèves ne sont pas compris dans l'estimation de la valeur locative.

Loi du 25 avril 1844, art. 13. — Ne sont pas assujettis à la patente.... 3° les instituteurs primaires.

Note. — Les lois postérieures n'ont soumis à la patente que les chefs d'institution ou maîtres de pension. Les instituteurs primaires sont demeurés protégés par la loi de 1844. (Art. 17, loi du 15 juillet 1880.)

10° *Droits de vérification des agents de l'Enregistrement.*

Art. 7, loi du 21 juin 1875. — Les sociétés, compagnies d'assurances, assureurs contre l'incendie ou sur la vie, et tous autres assujettis aux vérifications de l'administration sont tenus de communiquer aux agents de l'enregistrement, tant au siège social que dans les succursales et agences, les polices et autres documents énumérés dans l'article 22 de la loi du 23 août 1871, afin que ces agents s'assurent de l'exécution des lois sur l'enregistrement et le timbre. — Tout refus de communication sera constaté par un procès-verbal et puni de l'amende spécifiée en l'article 22 de la loi du 23 août 1871.

Art. 22, loi du 23 août 1871. — Les sociétés, compagnies, assureurs, entrepreneurs de transports et tous autres assujettis aux vérifications des agents de l'enregistrement par les lois en vigueur, sont tenus de représenter auxdits agents leurs livres, registres, titres, pièces de recettes, de dépenses et de comptabilité, afin qu'ils s'assurent de l'exécution des lois sur le timbre. — Tout refus sera constaté par procès-verbal et puni d'une amende de 100 à 1,000 francs.

PROJET DE STATUTS D'UNE SOCIÉTÉ CIVILE

EN VUE DE LA

CRÉATION D'UNE ÉCOLE CHRÉTIENNE LIBRE

D'un Orphelinat, d'un Hospice, etc., etc.

Observations essentielles au sujet des statuts qui suivent.

Plusieurs correspondants ont demandé à la Société d'éducation et d'enseignement des projets de statuts. Le Comité du contentieux a essayé de leur donner satisfaction. Il tient cependant à faire certaines réserves au sujet du travail qui suit :

1° Ces statuts indiquent certaines variantes possibles ; mais il en est beaucoup d'autres que les circonstances spéciales peuvent comporter ;

2° S'il s'agit d'une société commerciale ou à forme commerciale, ils doivent être nécessairement modifiés dans le sens indiqué par le petit traité qui précède, et il y a des clauses, licites lorsqu'il s'agit d'une société civile, qui doivent être complètement repoussées s'il s'agit d'une société à forme commerciale.

Projet de statuts d'une société civile.

Les soussignés, MM.   , ont établi ainsi qu'il suit les statuts de la Société civile qu'ils ont formée entre eux et les personnes qui deviendront souscripteurs d'une ou de plusieurs des parts sociales indiquées ci-après.

ARTICLE PREMIER

Il est formé entre les soussignés, les souscripteurs et cessionnaires successifs et tous ceux qui deviendront propriétaires d'une ou de plusieurs parts sociales indiquées à l'article 7 ci-après, une Société civile aux fins suivantes :

ARTICLE 2

Objet de la Société.

La Société a pour objet d'acquérir ou de louer un ou plusieurs immeubles (indiquer ici la ville), donner à bail lesdits immeubles ou les exploiter de toute autre manière, élever sur eux toutes constructions, louer, vendre, échanger lesdits immeubles, contracter tous emprunts avec ou sans hypothèque et généralement faire tout ce que comporte le but de la Société, sans cependant qu'elle puisse se livrer à des actes de commerce qui lui sont expressément interdits.

La Société sera régie par les dispositions du titre neuvième du troisième livre du Code civil, sauf les modifications résultant des présents statuts.

Les sociétaires entendent constituer par les présentes l'être juridique « Société » consacré implicitement par les articles 520 et 1860 du Code civil.

ARTICLE 3

Dénomination de la Société.

La Société prend la dénomination de « Société civile immobilière de » (prendre le nom d'une ville, d'un quartier, d'une rue).

ARTICLE 4

Siège social.

Le siège social est fixé chez M.   , rue

Il pourra être transféré partout ailleurs, par décision du Conseil d'administration.

5*

ARTICLE 5

Durée de la Société.

La durée de la Société sera de trente années à dater de ce jour (1).

La Société pourra se proroger, se dissoudre par anticipation, se fusionner avec une autre société, modifier ses statuts ; mais le Conseil d'administration aura seul le droit de prendre l'initiative de ces mesures, qui devront être soumises à une assemblée générale extraordinaire. Pour être valable, cette assemblée devra compter un nombre de sociétaires représentant le tiers des parts sociales.

Seront convoqués à cette assemblée, par lettres recommandées, tous les sociétaires connus d'après les indications du registre mentionné à l'article 9.

Ces lettres devront indiquer l'objet de la convocation, elles devront être expédiées un mois franc avant le jour de l'assemblée : elles devront être adressées aux domiciles indiqués dans les actes authentiques statutaires ou sur le registre de mutation : un certificat d'expédition de ces lettres, délivré par l'administration des postes, sera annexé au procès-verbal de la séance.

Quel que soit le nombre des membres présents, l'assemblée délibérera valablement, pourvu que le tiers des parts sociales soit représenté comme il est dit au paragraphe II du présent article et que les formalités prescrites aux paragraphes suivants aient été remplies. Tous les sociétaires seront liés par la décision de l'assemblée.

---

(1) Pour se garantir de la tentation d'aller trop vite et de s'engager imprudemment avant la souscription intégrale du capital social, les fondateurs peuvent décider que la Société ne sera constituée qu'après la souscription intégrale du capital social. Dans ce cas, on substitue au § 1er de l'art. 5 la variante qui suit :

La durée de la Société sera de trente années qui commenceront à courir du jour ou la présente Société sera devenue définitive par suite de la souscription du capital social dûment constatée au moyen du dépôt de la liste des souscripteurs par-devant notaire.

11 est indispensable d'adopter cette formule et de la compléter par les énonciations du § 2, art. 1er, de la loi du 3 août 1893, si la Société a revêtu la forme anonyme.

Si le nombre des parts sociales représentées est inférieur au tiers, l'assemblée se séparera et une nouvelle assemblée sera convoquée dans les mêmes formes que la première, mais avec un intervalle de quinze jours seulement. Cette assemblée délibérera valablement, quel que soit le nombre des parts représentées.

ARTICLE 6

Administration de la Société.

I. — La Société sera administrée et représentée vis-à-vis des tiers par un Conseil d'administration composé des personnes désignées à l'article 14 et de celles qui, en cas de décès, retraite ou élection, seraient appelées à les remplacer dans les conditions indiquées audit article.

II. — Le nombre des membres n'est pas limité : le Conseil aura le droit, lorsque l'intérêt de la Société le demandera, de s'adjoindre de nouveaux administrateurs. Cette nomination, toutefois, ne sera faite qu'à titre provisoire jusqu'au moment où elle aura été approuvée par l'assemblée générale des sociétaires.

III. — Les sociétaires présents délèguent, et ceux à venir seront réputés avoir délégué leurs pouvoirs à ce Conseil d'administration.

IV. — Les fonctions d'administrateurs sont gratuites.

V. — Les membres du Conseil d'administration devront avoir soin, dans leur intérêt comme dans l'intérêt des autres administrateurs et des actionnaires, de limiter à l'actif social la partie des engagements qu'ils souscrivent au nom de la société. S'ils manquaient cette précaution, ils seraient tenus sur leur fortune personnelle d'exécuter les engagements excédant la valeur de l'actif social et de garantir les autres administrateurs et les actionnaires contre tout recours des créanciers.

VI. — Le Conseil d'administration nommera son bureau et se réunira aussi souvent que les affaires de la Société l'exigeront.

En cas d'absence du président et du vice-président, les membres présents désigneront celui d'entre eux qui devra présider ; ces décisions seront prises à la majorité des voix.

Aucune délibération ne sera valable s'il n'y a au moins trois membres présents; dans ce dernier cas, l'unanimité des voix sera nécessaire. En cas de partage, la voix du président sera prépondérante; le tout, sans préjudice des cas prévus ci-après.

Il sera dressé procès-verbal de chacune des séances. Le procès-verbal sera signé du président ou, en cas d'empêchement, du vice-président et du secrétaire, qui signeront également les copies ou ampliations de délibérations à délivrer aux tiers. Foi sera due à ces copies.

VII. — Le Conseil d'administration est investi des pouvoirs les plus étendus pour la direction et la gestion des affaires et les intérêts de la Société.

Délibérant dans les termes des statuts, il pourra, notamment, contracter tous emprunts avec ou sans hypothèque, acheter, recevoir comme apports et prendre à bail tous terrains et immeubles, acheter et vendre tous objets mobiliers, faire tous devis et contracter tous marchés et tous engagements, passer, résilier, renouveler tous baux et locations aux prix et conditions qu'il jugera convenables, donner et accepter tous congés, toucher tous loyers ainsi que toutes autres sommes qui pourraient être dues à la Société, à quelque titre et pour quelque cause que ce soit, et en donner quittance et décharge, plaider, transiger, compromettre, se concilier, nommer des arbitres et experts, exercer toutes poursuites, faire tous actes conservatoires, intenter et suivre toutes actions judiciaires et autres soit en demandant, soit en défendant, se désister de tous droits, déterminer le placement des fonds disponibles, faire tous transferts et aliénations de rentes sur l'État, effets publics ou autres valeurs et tous retraits de fonds de toutes caisses publiques ou autres, décider et faire exécuter toutes constructions, réparations et changements dans les immeubles sociaux, décider et faire toutes aliénations par voie de vente ou d'échange de tout ou partie des propriétés sociales aux prix, soultes, charges et conditions qu'il jugera convenables, recevoir lesdits prix de vente et recevoir ou payer les soultes et en donner quittance, grever de servitude lesdits immeubles sociaux, faire tous désistements d'hypothèques, de privilèges et d'actions

résolutoires sur immeubles ou successions, toutes mainle-
vées d'oppositions, saisies ou inscriptions, le tout avec ou
sans paiement.

Déléguer tout ou partie de ces pouvoirs à l'un de ses
membres.

Nommer et révoquer tous employés et agents, déterminer
leurs attributions et fixer leurs traitements.

Régler la répartition des bénéfices et la distribution des
dividendes.

Et généralement faire tout ce qui rentrera dans l'objet de
la Société, quoique non formellement prévu aux présentes.

Toutes les décisions prises par le Conseil d'administration
dans les termes des statuts lieront tous les sociétaires.

Pour toute action judiciaire intéressant la Société, le président du Conseil d'administration sera seul en cause tant en
demandant qu'en défendant, à tous les degrés de juridiction,
sans qu'il soit besoin de justifier d'aucune délibération du
Conseil. Le président pourra cependant demander cette délibération pour sa décharge vis-à-vis des associés.

Article 7

Capital social.

Le fonds social est fixé quant à présent à la somme de cent
mille francs (1) divisée en deux cents parts de 500 francs (1)
chacune. Il pourra être réduit dans les cas et dans les formes
prévus à l'article 11 ci-après. Il pourra également être augmenté en une ou plusieurs fois par de nouvelles émissions
de parts. Ces augmentations auront lieu, savoir : pour les
premiers deux cent mille francs, qui porteraient ainsi le capital à trois cent mille francs, par une ou plusieurs décisions
du Conseil d'administration qui aura tous pouvoirs à cet
effet, et pour l'excédent, s'il y a lieu, par délibération de
l'assemblée générale prise sur la proposition du Conseil d'administration.

---

(1) Ces chiffres ne sont indiqués qu'à titre d'exemple. Si la Société a pris
la forme anonyme, il faut observer, quant à la valeur des coupures d'actions, la règle posée par l'article 1er de la loi du 3 août 1893.

Le montant des actions est payable aux époques et conditions fixées par le Conseil d'administration.

Le montant des souscriptions non versé à l'époque convenue produira de plein droit, au profit de la Société, des intérêts sur le pied de 5 °/₀ par an, à compter du jour où le versement devait être fait dans la caisse de la Société et après qu'une lettre recommandée aura mis amiablement en demeure le retardataire d'effectuer le versement.

Trois mois après, la Société aura le droit de faire vendre l'action non libérée. A cet effet, une sommation sera faite au sociétaire d'avoir à se libérer dans la huitaine. Ce délai expiré, et sans autre mise en demeure, il sera procédé à l'adjudication. Si l'acquéreur n'a point été agréé à l'avance par le Conseil d'administration, l'adjudication ne sera définitive qu'après l'approbation de ce conseil, qui devra statuer à cet égard dans le délai de dix jours. Si l'acquéreur n'est pas agréé, les frais de l'adjudication seront supportés par la Société.

Les titres seront nominatifs : ils seront extraits de registres à souche portant un numéro d'ordre et revêtus de la signature de deux administrateurs (1).

Les transferts en seront accomplis ainsi qu'il est dit sous l'article 9 ci-après.

Il sera mis sur le titre une mention de transfert signée par un administrateur.

La Société ne reconnaît que les transferts inscrits sur ses registres. Elle n'est en aucun cas responsable de la validité du transfert.

ARTICLE 8

Transmission de varts sociales.

La propriété de chaque part sociale ou action sera indivisible à l'égard de la Société. Les héritiers d'un sociétaire décédé, incapable ou absent, dans l'acception légale de ce

---

(1) Si les fondateurs de la Société se proposent d'autoriser la conversion des titres nominatifs en titres au porteur, ils devront se conformer aux règles écrites dans l'article 3 de la loi du 3 août 1893, qui exige la libération entière avant cette conversion.

mot, ne pourront prendre part aux délibérations des assemblées générales jusqu'à ce qu'ils aient fait choix d'un d'entre eux pour le représenter et qu'ils aient notifié ce choix au président du Conseil d'administration.

ARTICLE 9

Mode de transmission des parts sociales.

La demande du transfert des actions devra être adressée au Conseil d'administration par le cédant et le cessionnaire (1). Le transfert sera définitivement accompli par une inscription sur le registre tenu à cet effet au siège social. Cette inscription sera signée par un administrateur. Il en sera fait mention sur le titre. La cession devra, en ce qui touche la personne du cessionnaire, être autorisée par le Conseil d'administration, qui pourra toujours l'autoriser de préférence au profit soit d'un sociétaire, soit d'un étranger, et ce, moyennant un prix à fixer tous les ans par l'assemblée générale sur le vu du bilan, lequel prix comprendra la part afférente dans le fonds de réserve. Le conseil devra, à peine de déchéance de ce droit, en user dans le mois qui suivra la demande de transfert. En cas de concurrence de plusieurs sociétaires ainsi autorisés, la préférence appartiendra à celui qui aura le premier notifié son intention au président du Conseil d'administration. Il sera tenu au siège social un registre spécial mentionnant le nom de ceux des associés qui voudraient cesser de faire partie de la Société et auraient notifié ce désir au président du Conseil d'administration, ainsi que la date de cette notification, et aussi les noms soit des associés, soit des personnes étrangères à la Société qui voudraient acquérir des actions, et la date de leurs demandes.

Dans le mois qui suivra la notification faite comme il est dit ci-dessus de la transmission d'une part sociale, la Société pourra également, par l'organe de son Conseil d'administration, exercer le retrait de ladite part moyennant le paiement

---

(1) On trouvera à la suite de ce projet de statuts le modèle d'une demande de transfert.

d'une somme à déterminer chaque année d'après le bilan par l'assemblée générale.

Jusqu'à ce que la première assemblée générale ait fixé le prix moyennant lequel aura lieu le retrait spécifié ci-dessus, le prix sera de 500 fr. pour chaque part.

La Société pourra, en outre, quand le Conseil d'administration en décidera ainsi, devenir acquéreur à l'amiable de tout ou partie des droits des associés [1].

ARTICLE 10

Bénéfices et pertes.

Les bénéfices et pertes se partageront entre les sociétaires au prorata de leur mise sociale ; néanmoins, en cas de perte absorbant l'actif social, chaque associé ne devra être tenu que jusqu'à concurrence de sa mise, sans pouvoir être aucunement obligé sur ses biens personnels, sauf l'effet de la responsabilité qui pourrait être encourue par les administrateurs, ainsi qu'il est dit à l'article 6 ci-dessus.

Il sera fait chaque année, le 31 décembre, un inventaire de l'actif et du passif de la Société.

Sur les bénéfices nets, il sera prélevé chaque année, pour la formation d'un fonds de réserve, une somme qui sera déterminée par l'assemblée générale sur la proposition du Conseil d'administration, et qui ne pourra être inférieure à un vingtième de ces bénéfices.

Le surplus sera réparti au marc le franc des parts sociales, aux époques et de la manière déterminées par le Conseil d'administration.

Lorsque le fonds de réserve aura atteint le dixième du capital social, le prélèvement y affecté pourra cesser, s'il est ainsi décidé par le Conseil d'administration.

---

(1) L'administration de l'enregistrement a émis la prétention de voir dans ce contrat une application de la clause de réversion prévue par la loi du 28 décembre 1880, et donnant lieu à la perception du droit de donation. Mais cette théorie n'a pas encore été sanctionnée par la jurisprudence. Nous avons signalé plus haut cette jurisprudence, en la critiquant, et en donnant quelques indications pour échapper à son application.

Tout dividende non réclamé dans les trois ans de son exigibilité sera prescrit au profit de la Société.

ARTICLE 11

Assemblées générales

Une assemblée générale sera réunie dans le courant du premier semestre de chaque année pour prendre connaissance de l'inventaire social et des comptes, les approuver ou contester et en donner décharge au Conseil d'administration.

En dehors de cette assemblée, il ne pourra en être réuni aucune, sauf pour les cas prévus à l'article 5 ci-dessus.

Les convocations à l'assemblée générale annuelle auront lieu au moyen d'une insertion faite dix jours à l'avance dans l'un des journaux de l'arrondissement (1) et d'une lettre simple adressée à chaque sociétaire par la voie de la poste.

Aucun mandataire ne sera admis, s'il n'est lui-même sociétaire.

L'assemblée sera régulièrement constituée lorsque, sur une première convocation, les sociétaires présents en personne ou par mandataire représenteront le quart du fonds social au moment de la convocation.

Dans le cas où, lors d'une première réunion, les sociétaires présents ne rempliraient pas cette condition, il sera procédé de la même manière à une nouvelle convocation à huit jours d'intervalle, avec indication du motif de cette seconde convocation, et les délibérations prises dans cette deuxième assemblée seront valables, quel que soit le nombre des parts représentées.

Chaque part sociale donne droit à une voix; néanmoins, au delà de dix parts, les sociétaires n'auront droit qu'à une voix en sus par série ou fraction de série de dix parts.

Les délibérations seront prises à la majorité des parts représentées, sauf pour les cas prévus en l'article 5.

Elles seront constatées par des procès-verbaux sur un re-

---

(1) Pour Paris on devra mettre :
Dans l'un des journaux chargés des annonces judiciaires pour le département de la Seine.

gistre spécial et signées par les membres composant le bureau.

Les copies ou ampliations à fournir à tous tiers intéressés seront signées par le président du Conseil d'administration et le secrétaire, et foi sera due à ces copies.

L'assemblée est présidée par le président du Conseil d'administration, en son absence, par le vice-président, et, à son défaut, par celui des membres que le Conseil d'administration aura désigné à cet effet.

Le secrétaire est nommé par le président de l'assemblée; l'assemblée générale délibère : 1° sur l'approbation ou le rejet des comptes qui lui sont soumis par le Conseil d'administration ; 2° sur les propositions qui lui sont faites par ce Conseil.

Tout autre sujet de délibération est expressément interdit à l'assemblée, sauf cependant les cas prévus en l'article 5 et pour lesquels l'assemblée générale doit être convoquée et consultée d'une façon spéciale.

L'assemblée générale extraordinaire pourra notamment, comme il est dit à l'article 5 ci-dessus, décider, sur la proposition du Conseil d'administration, la réduction du capital social, soit par voie de rachat d'un certain nombre d'actions, soit par voie d'annulation desdites actions (1).

ARTICLE 12

Liquidation de la Société.

La liquidation totale de la Société ne pourra avoir lieu qu'à l'expiration de sa durée, sauf le cas où sa dissolution anticipée serait prononcée dans les conditions spéciales prévues à l'article 5.

Le Conseil d'administration qui se trouvera en fonctions le jour de la dissolution aura tous pouvoirs pour faire la liquidation, soit par ses soins directement, soit par un ou plusieurs de ses membres qu'il déléguera à cet effet.

---

(1) Si la Société est à forme anonyme, il faut ajouter ces mots : *à charge d'assurer la publication légale de sa délibération et sous réserve des droits des tiers,*

Le ou les liquidateurs auront les pouvoirs les plus étendus pour réaliser tout l'actif mobilier et immobilier de la Société; ils pourront notamment vendre à l'amiable, de gré à gré ou aux enchères, en totalité ou par lots, aux prix, charges et conditions qu'ils jugeront avantageux, les immeubles de la Société, en toucher le prix, faire mainlevée de toutes inscriptions et oppositions et donner désistement de tous droits avec ou sans paiement : en un mot, ils pourront réaliser par la voie qu'ils jugeront convenable tout l'actif social, mobilier et immobilier, en recevoir le produit, régler et acquitter le passif sans être assujettis à aucune forme ni formalité judiciaire.

Tant que la liquidation ne sera pas terminée, l'être moral continuera de subsister.

Pendant toute la durée de la liquidation, les pouvoirs de l'assemblée générale continueront : l'assemblée générale aura notamment le droit d'approuver les comptes de la liquidation et d'en donner décharge.

ARTICLE 13

Droits des héritiers et ayants droit des Sociétaires.

Par dérogation à l'article 1865 du Code civil, l'absence, le décès, la minorité ou autre incapacité d'un ou de plusieurs sociétaires, n'entraîneront pas la dissolution de la Société et n'exerceront aucune influence sur les délibérations soit du Conseil d'administration, soit de l'assemblée générale, non plus que sur les pouvoirs conférés pour la liquidation sociale.

En conséquence, le conjoint, les héritiers et autres représentants de tous sociétaires absents, décédés ou frappés d'incapacité civile ne pourront au cours, soit de la Société, soit de la liquidation, faire apposer les scellés sur les papiers et valeurs de la Société, ni exiger aucune espèce d'inventaire ou d'état de situation, comme aussi il ne pourra être intenté de demande en partage ou licitation par qui que ce soit, parce que les droits que donne chaque part sociale ne seront ouverts qu'au moment de la liquidation.

La même interdiction s'appliquera aux héritiers et représentants de l'épouse (commune en biens) de l'un des sociétaires venant à décéder au cours de la Société et de la liquidation.

Les veuves, héritiers ou autres représentants d'un sociétaire n'auront d'autres droits que celui de vendre leurs actions comme bon leur semblera, sauf réserve de la faculté de retrait conférée par l'article 9 au Conseil d'administration et aux sociétaires.

ARTICLE 14

Nomination et recrutement du Conseil d'administration.
Composition de son bureau.

Les membres du Conseil d'administration de la présente Société sont :

M.

M.

Si un ou plusieurs des administrateurs se trouvent absents dans le sens légal de ce mot ou autrement incapables, s'ils viennent à décéder ou à donner leur démission, droit qui est accordé même aux administrateurs nommés par les présentes, les autres administrateurs pourvoiront à leur remplacement par voie d'élection provisoire. Cette élection sera soumise à la ratification de l'assemblée générale. Le membre élu remplira ses fonctions pendant le temps qu'auraient duré celles du membre décédé ou remplacé.

Le premier conseil restera en fonction jusqu'au 1er avril , à l'expiration de ce délai le renouvellement se fera à raison de administrateurs par an. Les membres sortants à la fin de chacune des deux premières années, savoir le 1er avril et le 1er avril seront désignés par le sort : ensuite, l'application de cette disposition se fera par ordre d'ancienneté.

Les membres sortants pourront toujours être réélus.

L'élection se fera dans l'assemblée générale annuelle, elle aura lieu à la majorité des membres présents. En cas de partage de voix, celle du président de l'assemblée sera prépondérante,

ARTICLE 15

Élection de domicile.

Les sociétaires auront, pour tout ce qui concerne l'exécution des présentes, leur domicile au siège social.

Toutes les contestations qui pourraient s'élever pendant la durée de la Société, ou lors de la liquidation, soit entre les sociétaires eux-mêmes, soit entre l'un d'eux et les héritiers ou représentants de l'un d'eux, à raison des affaires sociales, seront jugées à.... (1).

(1) Indiquer ici le chèf-lieu d'arrondissement judiciaire du siège de la société.

SOCIÉTÉ CIVILE de

———

Siège Social a

Rue

DEMANDE DE TRANSFERT

———

Les soussignés :

1° M

demeurant à

titulaire de   action   de cinq cents francs

de la **SOCIÉTÉ CIVILE de**   *immatriculée*

à son nom, portant l   numéro

2° Et M

déclarent demander au Conseil d'administration de ladite
Société le transfert d   dite   action   au nom dudit M

A   , le   189

(*)

(*) Méttre « *Approuvé la demande de transfert ci-dessus* » *et signer.*

TABLE DES MATIÈRES

BESANÇON. — IMPR. ET STÉRÉOTYP. DE PAUL JACQUIN.